金融失策20年の真実

太田康夫

日本経済新聞出版社

はじめに

政府が掲げてきた「貯蓄から投資」に、とどめを刺したのは日本銀行だった。２０１８年6月27日、前年末に家計が保有する投資信託の残高をそれまでの１０９兆円から76兆円に減額修正した。修正幅は33兆円で、43％も過大に計上していた。

投信はいうまでもなく「貯蓄から投資」の看板商品。平成の時代を彩る橋本龍太郎、小泉純一郎、安倍晋三など歴代の首相が個人投資家に購入を勧める政策をとってきた。

その効果もあって家計の金融資産に占める投信の比率は５・８％まで高まっていると思っていたら、実は４・１％でしかなかった。これは10年前とほぼ同水準でしかない。

日銀は修正について統計の精度を上げるための見直しの結果で、ミスではないと主張している。しかし修正額は、日銀がデフレ対策と胸を張る上場投資信託の購入残高（21兆円）をも上回る。公文書の改ざんのような悪質性はないのかもしれないが、結果として政府の失敗を糊塗してきたのは間違いない。

何故、投信の販売が伸びなかったのか、一体「貯蓄から投資」で何が起きていたのか、今一度見直してみる必要があるだろう。

私が金融の担当になったのは１９８８（昭和63）年3月。昭和の最後を飾ったバブルの膨張と、平成に入ってそれが崩壊していく様を渦中で目撃した。

1年で東京の地価が7割も上がる時代。証券会社に行くと、債券ディーラーがヨットを買ったと自慢したり、アシスタントの女性が冬のボーナスが200万円に近いと話したりしていた。竹下登政権が消費税の導入を決めたものの、株価は上がり続け、平成元年の12月29日に日経平均は3万8915円の史上最高値を更新する。それがピークで、バブルは崩れていった。

それから金融取材を続けて、30年が過ぎようとしている。平成の金融行政は、バブル崩壊の後遺症との格闘の歴史だった。「失われた10年」と呼ばれた停滞は、その後、「失われた20年」と言い換えられ、さらに伸びそうだ。

一般には、強欲な銀行によるリスクを顧みない巨額融資が焦げ付いた不良債権問題が停滞の原因だとされている。それは企業の過剰債務の問題でもあり、銀行が企業を巻き込んで、日本経済を劣化させた。

金融行政が蛇行しながらも、銀行を破綻の淵から救い出したのは間違いない。国際的には大幅な周回遅れだとはいえ、私たちは今、あまり心配しないで銀行を利用できる。

しかし、同時に進められた「貯蓄から投資」を合言葉にした金融改革の試みは失敗した。金融当局は期待された役割の半分は果たせていないのだ。

金融の改革を目指したのは、橋本龍太郎政権が打ち出した日本版ビッグバンだった。そしてこの構想の推進を期待して設けられたのが、金融監督庁（のちの金融庁）だった。バブルの残滓は銀行だけでなく、金融を監督する役人をもむしばんでいた。接待汚職などで東京地方検察庁特別捜査部の捜査官が金融監督も担当していた大蔵省に踏み込み、キャリア官僚が逮捕される事態となった。そうした過去と決別するため、大蔵省から金融部門が切り出された。

金融監督庁は、旧来の銀行融資に頼る金融システムから、株式や社債の発行を通じて資金を調達する市場に頼る金融システムへの移行を託された。「貯蓄から投資へ」という掛け声とともに進められた一連の政策が、日本経済を成長軌道に戻すはずだった。

貯蓄が主役の時代には、銀行は預金で集めた資金を、設備投資を予定する企業などに貸し出し、それが経済を支えていた。投資が主役の時代には、家計のお金が株式投資に回り、それが企業の設備投資につながると期待された。企業の投資の原動力は、銀行を介した間接金融から、株式など市場を通じた直接金融に変わるはずだった。

直接金融への移行を促したのは、ビッグバンだけではない。預金1000万円とその利子までしか保護しないペイオフを解禁したり、国が元利払いを保証する郵便貯金を民営化したりすることで、「貯蓄」から資金を流出させ、「投資」を活発にすることが期待された。また「金融商品取引法」を新たに設け、新しい金融商品の登場にも備えられるようにした。「ビッグバン」「ペイオフ解禁」「郵貯民営化」「金融商品取引法」の4点セットが、金融構造改革の舞台装置だった。

しかし、この舞台装置はお金をうまく回す役割を十分には果たせなかった。「貯蓄から投資」の進展具合の指標として使われるのは、家計資産に占める現預金の比率だ。貯蓄の指標となる現預金の比率は1997年末の54％から、2017年末には53％になったに過ぎない。半分以上が現預金という状況に大きな変化はなく、政策の評価としては見事な失敗である。

なぜ失敗したのだろう。長年の取材で最も強く感じたのは、金融機関が新しい時代の「信用」を築けなかったことだ。平成の30年間、金融まわりではいわゆる不祥事が相次いだ。金融機関が反社会的勢力に資金を提供していたり、顧客をだまして金融商品を買わせたりといった例は、枚挙にいとまがない。「投資」を任すには、金融機関に任すに値する信用があるかどうかを見るわけだが、それが備わっていなかった。

本来、利用者を守るべき行政が業者側についているように見られていることも影響している。金融制度などを議論する金融審議会には銀行や証券会社の利益を代弁するような委員が名を連ね、規制緩和を旗印に、銀行や証券会社寄りの制度を設けていく。銀行は欧米に比べ周回遅れといわれるが、利用者保護の周回遅れはもっと深刻だ。

実際、お金の保有者の多くは高齢者で、「投資」よりも、「元本確保」をより重視する傾向が強い。にもかかわらず金融庁は「貯蓄から投資」の看板を掲げ、利用者を投資にいざなおうとした。英国のことわざに「馬を水辺に連れて行くことはできても、水を飲ませることはできない」というのがあるが、日本はさながら「のどの渇いていない馬を水辺に連れて行って、無理やりリスクの溶け込んだ水を飲ませようとしている」ようだ。

「貯蓄から投資」は、単にお金の「投資」シフトに失敗しただけでなく、金融機関をゆがめる副作用があった。

大きいのは、銀行の文化を変えてしまったことだ。ビッグバンは銀行の窓口での投資信託の販売を解禁した。それまで銀行は農耕文化、証券は狩猟文化といわれ、低リスク商品を扱う銀行は、一過性の手数料を狙う証券会社とは企業風土が違った。

投信窓販の解禁で、銀行は窓口を手数料を稼ぐ場として存分に利用できるようになり、手数料収入の増強を経営目標に掲げる。元本保証を期待して銀行支店を訪れた高齢者に、投信を勧めるケースも相次いだ。銀行は目先の利益を最優先する狩猟民族的な文化に変わっていったのだ。

取引先に融資という種をまいて、それを長年にわたって少しずつ刈り取っていく営業が日本の産業を育ててきたのだが、そうした農耕民族的金融は以前ほど重視されなくなった。メガバンクの記者会見で経営トップの口から出てくるのは、「銀信証」の強化だった。銀行の窓口で証券や信託の商品を売るという意味で、それは銀行による狩猟文化宣言のように聞こえた。狩りの対象が預金者であることは、暗黙の前提だった。

銀行のゆがみをさらに拡大したのが、行政の圧力だった。「貯蓄」を支えて来た銀行は、バブル期に無節操な融資を増やし、それがバブル崩壊とともに不良債権の山となった。このためバブル崩壊後の金融行政は、不良債権の削減を大きな目標とした。金融当局の検査でも不良債権は重大関心事で、その指針になる「金融検査マニュアル」を設けた。

検査マニュアルは、不良債権にはそれに見合った貸し倒れ引当準備金を積むよう求めた。スタートアップ企業などには一定の除外規定はあるものの、構造的な赤字企業には引き当てが求められた。その結果、赤字に陥ることが少なくない中小企業向け融資は大幅に減ることになる。農耕民族的文化をはぐくんできた融資という種をまきにくくしてしまったのだ。

この時期、世界的に見ると情報通信革命が起き、新しい企業が相次ぎ勃興した。米国ではそうした企業がリードして産業構造改革に成功し、国力を回復した。株式時価総額ランキングを見るとアルファベット（グーグル）、アマゾンなど新興企業が上位を占め、国を代表する企業の顔ぶれは大きく様変わりした。

ところが、日本では検査マニュアルで銀行が中小企業に融資しにくい環境が生まれ、新興企業が主導するような新陳代謝は進まなかった。米国のようにスタートアップ企業を支えるエンジェルと呼ばれる投資家があまりいないにもかかわらず、銀行の中小企業融資の蛇口が閉められた。スタートアップ企業が資金を調達しにくい構造が定着してしまう。「貯蓄から投資」で企図した、投資が銀行融資の肩代わりをする状況にはならなかった。

金融制度を設計するときには、今ある制度がどういう役割を果たし、制度を変えたときに、それにどう影響するかを慎重に見極めながら進める必要がある。しかし改革の旗印のもとに進められた「貯蓄から投資」では、きめ細やかな配慮は十分にはなされなかった。銀行融資の前向きの機能を十分理解しないまま導入された金融検査マニュアルはその代表例だろう。この失政が長期停滞の一因となった。

本書は20年以上続く、「貯蓄から投資」という政策を検証しようとしたものだ。最初に日本での貯蓄文化の起源とその揺れを追った。次にバブル崩壊後に築かれた「貯蓄から投資」の枠組みを分析した。「貯蓄から投資」はビッグバン、ペイオフ解禁、郵政民営化、金融商品取引法によって、資金を預金から追い出し、投資に導こうとするものだった。

その政府の試みはうまくいかなかったのだが、なぜうまくいかなかったのかを掘り下げた。政策は株価誘導の色彩が強く、銀行の役割が軽視されたことが経済に大きな禍根を残した。不良債権問題の後処理として悪者を懲らしめるような感覚で、銀行を律する仕組みが作られたことが響いた。

近年、「貯蓄から投資」の方向性の見直しの動きが出ている。貯蓄とそれを利用した融資の機能を再評価するとともに、投資については利用者への配慮を強める方向だ。しかし金融庁の行政指導が強引で、効果は出ないどころか、見直しに伴う混乱が続いている。

利用者視点でものを考えないと、お金は動かない。投資を促そうとするのなら、投資したくなるような企業を育てる必要がある。投資が経済を支える力がないうちは、銀行に旧来型の融資に注力してもらう必要もある。そうした配慮なしにもっともらしい標語を掲げてお金を誘導しようとしても、業者を富ますための底意はすぐに見破られてしまう。

利用者を幻惑するのではなく、利用者のためになる金融システムを再構築しなくてはならない。

２０１８年7月4日、大蔵省（現財務省）から切り離されて20年がたった金融庁は、「金融庁の改革について」と題する文書を発表した。

冒頭、テクノロジーが加速度的に進展し、金融の在り方も変化していると強調している。平成の次の時代に向けての、組織としての変革の決意である。

ところが副題は「国民のため、国益のために絶えず自己変革できる組織へ」。少し前に発表した資料は、目立たないように投資信託の購入者の46％の運用損益がマイナスだと伝えていた。「国民のために」ではなかったことが、金融失政の背景にあり、その軌道修正こそが金融の活性化の基本だ。金融庁が掲げた「国民のために」が徹底されることを、願うばかりだ。

2018年7月

太田　康夫

目次

装丁・新井大輔

I

成長

貯蓄が主役の時代

1　貯蓄文化の形成

前島密が持ち込んだ英国モデル

渋沢栄一、小林一三などの実業家、高橋是清、田中角栄などの政治家が、日本経済を成長に導いてきた。彼らの功績は大きいが、経済を根底で支えていたのは勤勉で質素倹約を旨とする名もなき国民である。その貯蓄が銀行によって企業の設備投資に向けられ、高度成長を達成する。大衆マネーを動員するシステムは明治以降に築かれた比較的新しい仕組みだが、近代日本経済にどっしりと根を下ろした。

宵越しの金は持たぬ――。江戸時代の庶民の懐事情を表すこんな言葉がある。多くの庶民は、今のように貯蓄はしなかった。そもそも貯蓄に回すお金がない貧しい人が圧倒的に多かった。また幅広く預金を受け入れる銀行に当たる組織も存在しなかった。タンス預金も盗まれたり、火事で灰と消えたりするリスクは、今よりはるかに高かった。蓄財していたのは、限られた富裕層だった。

今の日本で貯蓄ととらえられている行動は、明治政府による近代化の一環としてスタートした。政府は近代化の参考にするため、欧米に視察団を派遣する。英国の郵便貯金制度を見て帰国した前《まえ》島密《じまひそか》は1871年に駅逓頭《えきていのかみ》（郵政相に相当）に就任し、江戸時代の飛脚に代わる郵便制度の確立に注力した。前島は日本の郵便制度の生みの親ともいえ、今も一円切手の肖像に使われている。モデルとなった英国が郵便貯金制度を設けたのは1861年だ。ポスト・オフィスで郵便とともに、少額貯蓄を扱う世界初の試みだった。前島はその合理的な仕組みに感銘を受け、帰国後、74年に「貯金預り規則」を制定し、それに基づき翌75年に郵便為替・郵便貯金の取り扱いを始めた。

日本は後進国だったが、貯蓄の仕組み作りは世界的にもかなり早かった。73年に日本初の商業銀行である第一銀行が営業を始めたばかりで、まだ中央銀行もない時代に郵便貯金制度が発足したのだ。前島の狙いは中低所得層の将来への備えとしての貯蓄だったが、実際には地方で比較的裕福な層が利用した。

井上馨が促した大衆貯蓄

政府が政策的に貯蓄を奨励し始めたのは1898年だ。日本は清（現在の中国）との戦争（日清戦争）に勝ったものの、その後の恐慌で経済は危機に陥っていた。景気を刺激するとともに、不振の民間産業の再生が急務だった。

蔵相の井上馨《いのうえかおる》は初めて個人貯蓄を奨励する。「貯蓄の精神を養成せしめ、以て不必要なる消費を省き且他日に備へしむることは、国家経済上に於ては勿論、彼ら自身に於ても大に利益あることにして、当に目下の急務なり」。民間銀行に預ければ民間の産業振興に、郵便貯金に預ければ財政立て直しに、それぞれ役立つと期待した。

井上の提唱した貯蓄奨励は急速に浸透した。郵便局は郵便貯金の小口化を進め、預け入れる層の拡大を図った。貯金金利を引き上げるとともに、一定期間据え置く据置貯金も投入した。比較的裕福な人の資金を集めることが中心だった郵便貯金は、大衆貯蓄の受け皿へと変身していく。

20世紀の最初の10年、郵便貯金は比較的順調に伸びたが、大正時代になると伸びは鈍化する。1914年に欧州で第1次世界大戦が勃発し、日本は戦地向けの輸出に主導された高い経済成長を続けたが、インフレで庶民の生活は圧迫された。関東大震災（1923年）が起きたこともあって、金融経済は混乱した。

再び貯金の増加が著しくなるのは1930年代だ。昭和恐慌を受けて貯金金利は引き下げられたものの、郵便局は増え続けた。戦時色が強まるなかで、郵便局は貯蓄奨励の拠点と位置付けられていく。

国家総動員法が成立した1938年には国民貯蓄増強策が国策として展開された。「報国貯蓄」がスローガンとなり、小学生にお小遣いの貯蓄を促すといった徹底ぶりだった。制度的には41年には「国民貯蓄組合法」が設けられ、少額貯蓄を非課税とした。これは後述する戦後の貯蓄優遇のための「マル優」の原型となるものだ。戦時下で、貯蓄は戦争のための資金調達の場となった。

裏切りの預金封鎖――大蔵省の極秘作戦

第2次世界大戦で敗戦国となった日本は、焼け野原からの復興に取り組む。敗戦と同時に焦点となったのが、国民が戦争遂行に協力するため金融機関に預けていた貯蓄の行方だった。引き出しに殺到すれば、戦争で疲弊しつくしていた経済がさらに混乱して収拾が付かなくなる。そのため広瀬豊作蔵相は敗戦当日に、「預貯金については責任を持ってその安全を確保し、支払い制限の如き措置は絶対にとらない」と言明している。

だが、戦争で企業の生産設備が破壊され、生活物資の供給が不足。その一方で旧軍人への退職金の支払いなどがかさみ、激しいインフレが起きた。対応策は大蔵省が極秘に検討を進め、１９４６年2月16日に金融緊急措置令を柱とする総合インフレ対策として打ち出す。

対策は翌17日から実施され、その一環として全金融機関の預貯金は封鎖された。いわゆる預金封鎖である。封鎖された預金は一定金額を第一封鎖預金とし、それ以外を第二封鎖預金とした。政府は戦争中の債務を不履行とし、その影響で国債を保有する銀行などが債務超過に陥ったため、銀行などに封鎖中の第二封鎖預金の切り捨てを認めた。預金封鎖は預金者の犠牲のもとに実施する国の債務調整の一環でもあった。

また流通していた10円以上の銀行券（旧券）は3月2日で無効とした。旧券を強制的に預け入れさせ、新しい銀行券（新円）を2月25日から発行し、一定額に限り旧券と新円の引き換えに応じた。これが新円切り替えと呼ばれる措置で、引き換えられない旧券は切り捨てられた。

預金封鎖と新円切り替えなど金融緊急措置令は、大日本帝国憲法第8条に基づいた緊急時の法律に代わる勅令（天皇による命令）として実施された。このときすでに日本はＧＨＱ（連合国総司令部）から憲法改正を求められていたが、古い憲法がフル活用された。大日本帝国憲法は国民（臣民）の財産権を認めたが、この時は侵害された。

預金封鎖の名目はインフレ対策とされた。当時の蔵相の渋沢敬三は「乱暴な政策であるが、悪性インフレーションという重い病気を治すために辛抱して欲しい」と国民に協力を呼び掛けている。国民は戦前、政府から「貯蓄は美徳」の掛け声のもと倹約を求められ、それに応じて細々とためてきた預金が切り捨てられた。経済的には預金の債務不履行（デフォルト）を意味し、敗戦直後の政府の預金を守るとの約束は、半年もたたずに反故にされた。

国のためなら国民の預金は犠牲にしてもいいという政府・大蔵省の発想は、国を戦争へと導いた戦前の政府と変わりはなかった。銀行が安全な資産保全手段として機能しないところから復興は始まったのだ。

コラム　いま預金封鎖はできるのか——暴動発生のリスクも

1946年に実施された預金封鎖のような措置が、再びとられることはあるのだろうか。年配の投資家を取材していると、いまだにそれが大きな心配事になっていることがわかる。

ハードルが高くなっているのは間違いない。預金封鎖は敗戦後とはいえ、欽定憲法である大日本帝国憲法に基づいて実施されている。統治権はまだ天皇にあり、国民は天皇に支配される臣民の扱いだった。

財産権は認められていたが、有事には天皇の命令が優先される。預金封鎖はまさに、有事の際の天皇による命令である「勅令」に基づき実施されている。財産権は不可侵の権利ではなかったのだ。

それに対し、日本国憲法はＧＨＱが原案作成を主導したが、国民が作成した民定憲法の建前をとっている。財産権は基本的人権として保護されている。

財産権は公共の福祉の制約を受けるとも規定されている。正当な補償のもとに、公共のために用いることができるともされている。ただ財産権の制約の多くは不動産に関するものが対象だ。例えば道路を建設する際、その予定地が補償のうえ、収用されることがある。

預貯金は普通なら財産として、保護されるべきものだ。ただ公共の福祉を名目にした財産権の制約の可能性がゼロと言い切れるかどうかは微妙だ。金融システムの大規模な動揺の恐れがあるときに、それを食い止めることが公共の福祉だとの理屈は完全に否定しきれない。

とはいえ、有事に預金封鎖ができると規定した法律はないので、封鎖が公共の福祉だとしても、それを今の法律のままでは実施しにくい。ただ、銀行は監督当局が厳しく監督しており、当局の監督権限で封鎖ができないか検討されたことはある。

健全な銀行の預金をいくら公共の福祉だとはいえ封鎖するのは極めて難しい。実際には政策として封鎖が必要になるのは、戦後のような危機時だ。国家財政も極端な危機に陥り、政府による国債の債務履行が危ぶまれる局面だろう。

政府が国債の不履行を宣言してしまえば、銀行の保有する国債の価格が暴落し、多くの銀行が債務超過に陥る。その際には政府が債務超過銀行に業務停止命令を出せるので、事実上、預金は封鎖される。業務停止がかかれば、銀行の貸金庫を利用している人も、利用ができなくなる可能性が高い。

債務超過による業務停止は、混乱を避けるため、週末に停止命令、週初に承継銀行による業務開始をする「金月処理」が多いが、業務開始を半年後にすれば事実上、半年間の預金封鎖ができる。政府が借金の踏み倒しを決断すれば、預金のかなりの封鎖もできなくはない。

もちろん、そうした措置をとれば、政府の信用は地に落ち、世の中が大きく混乱する恐れもある。

政府が預金封鎖を考える際に、必ず検討するのが国民の反応だ。銀行が一行であっても破綻し預金が毀損しそうになると、預金者は窓口に殺到する。いわゆる取り付け騒ぎで、その回避が大きな課題になる。まして政策として幅広く預金封鎖をすれば、全国各地でそうした動きが起き、おそらく経済は大混乱に陥る。戦後すぐに蔵相が預金封鎖はしないといったん約束したのは、そうした混乱を恐れたからだ。

日本人はおとなしいので、混乱は起きにくいとの見方もある。実際、46年の預金封鎖は不意打ちにもかかわらず、封鎖反対の大混乱が起きたわけではない。ただそれは敗戦直後で、しかも実質的にGHQ統治下という特殊な環境でのことだった。

歴史を振り返れば江戸時代には一揆が起こり、1918年には米価格の急騰に怒った庶民の暴動である米騒動が起きている。今はまだ国民が比較的豊かなため暴動が起きにくいが、貧富の格差が広がり、貧しい人が日々の食糧にも困るような事態のなかで、さらに国民を追い詰める預金封鎖に踏み切れば、金融機関や政府機関の襲撃や小売店舗での略奪といった破綻国家で見られるような暴動が起きない保証はなにもない。

厚顔の協力要請——救国貯蓄運動

預金封鎖から1年もたたない1946年の11月に、衆議院内に設けられた通貨安定対策本部が救国貯蓄運動を展開する。最初の目的はインフレ抑制だった。

インフレ時には、その分、通貨価値が下落する。人々はそれを避けようと、預貯金をインフレに強い資産に換えようとする。物不足の時代だけに、預貯金の資金が物に集まり、さらにインフレが高進する恐れが強かった。そのため貯蓄を促すことで需要を抑制し、物価上昇圧力を緩和しようとしたのだ。

初期の救国貯蓄運動について提唱者の一人である北村徳太郎は「通貨の問題は心理的な問題であり、もし通貨がさらに増発されれば国民の間に一種の恐怖心理が働き、退蔵の封をといて、猛烈な換物運動がおこるということも、あるいは必至ではないかと思われる。それが破局的のインフレへの口火にならぬとは決して斷言が出來ない。ここに救国貯蓄運動の持つ重大な意義があると思う」と述べている。

この運動は、物価の上昇がゆるやかになるにつれて、インフレ抑制から、復興・発展のための資金確保に目的を変えていく。敗戦直後の混乱が一段落すると、復興のための資金が不足する。敗戦国だけに海外からの投融資は期待できず、国内で復興資金を確保する必要があった。そのために国民に貯蓄が呼びかけられた。

政府の呼び掛けに応じて各地に貯蓄推進委員会が設けられ、その後、それらを統括する貯蓄増強中央委員会が発足する。大蔵省にも貯蓄推進本部が設けられ、全国運動として貯蓄が推進された。戦後の混乱期だったとはいえ、この時期の政策は無茶苦茶だった。国民の預金を切り捨てながら、1年もたたない間に、今度は国民に預金を呼びかけたのだ。戦前にお国のために貯蓄をと呼びかけたのと同じ構図で、名目が復興に変わっただけだ。

今なら預金を封鎖した政府の言うことを聞いて新たに預金する国民はいないだろうが、当時の国民はまだ戦前のモードを引きずっていた。預金封鎖が政府主導による銀行の債務不履行であり、そんな政府や銀行は信頼に値しないという、まっとうな評価はできなかった。お上に言われて、再び貯蓄を始めるといった感じだったようだ。国民の金融リテラシーの低さに付け込んだ復興だった。

マル優の威力――貯蓄増強作戦

日本が高度成長期に突入すると、産業界の設備需要は急拡大する。鉄など重厚長大産業が工場建設を急いだほか、各地にコンビナートが設けられた。都市銀行は融資超過が恒常化し、貯蓄の確保が大きな課題になった。国をあげた貯蓄増強運動が展開された。

貯蓄集めを担ったのは、全国の銀行と郵便局だった。銀行員は配属されると担当地域で預金集めに駆けずり回った。銀行によっては、地域の各戸にアポイントメントなしで訪れ預金をお願いする「飛び込み営業」までしていた。金融システム全体としては、貸付原資が不足しがちな都市銀行が、インターバンク市場で資金が豊富な地方銀行や農林系金融機関などから資金調達する構造が定着した。

銀行などが個人のお金を吸い寄せる切り札は、税金をまけることだった。「マル優」といわれる少額貯蓄に対する非課税制度を導入したのだ。郵便貯金に関しては1946年から、預金に関しては1963年から、さらに国債などに関しては1968年から、それぞれ限度額を設けて非課税とした。銀行口座の名寄せはほとんどされていなかったため、複数の口座を所有し限度額を大幅に超えるマル優利用の貯蓄をする人も少なくなかった。

復興が進むにつれて、都市銀行が融資を伸ばしたが、それでは足りず新たに長期信用銀行が設けられた。1952年に長期信用銀行法が施行され、日本興業銀行が普通銀行から長信銀に転換。さらに日本長期信用銀行、日本不動産銀行（後の日本債券信用銀行）が設立された。

設備投資など産業界に長期資金を供給することを目的とする長期信用銀行は、資金調達を金融債の発行に頼った。当時は規制金利時代で、銀行の預金金利が低水準に抑えられていた。相対的に金利水準が高い金融債は、個人にとって有力な貯蓄手段になった。

金融債の一部は無記名債として発行された。税務当局から把握されにくいため人気を博した。貯蓄を増やすためには、税金を優遇し、場合によっては脱税の温床になりかねない金融商品まで容認する。主に富裕層に節税・脱税手段を用意してまで、貯蓄が促され、それが高度成長を支えていた。

担い手の保護――護送船団方式

戦後、銀行は産業振興に必要な資金を集める特別の役割を担うことになる。預けた資金がかえってこない恐れがあると、貯蓄増強はできない。そのため預金を取り扱う金融機関は貯蓄の受け皿に値する高い信用を備えることが求められ、行政も預金取扱金融機関の信用維持を重視した金融監督を実施する。

戦後、金融機関を監督していた大蔵省は、最も弱い金融機関さえも破綻させない金融行政を展開した。それが「護送船団方式」と呼ばれるものだ。

最も体力がないと見られたのは信用組合で、そこをも破綻させない徹底した規制金融システムだった。預金金利、貸出金利とも規制され、検査で経営状況がモニターされた。金融機関にとって検査は絶対で、「はしの上げ下ろしまで指導される」ほどだといわれた。

銀行は融資で経済発展を支えた。日銀が窓口指導で融資の伸びや、融資の業界別の配分などにまで注文を付けた。大手銀行では少しでもほかの銀行より融資を伸ばそうと、残高を競った。当局指導で銀行は馬車馬のように、融資増に邁進した。

経営状況が著しく悪化すると、毎年の決算をするにも大蔵省の承認が求められた。そうした銀行は決算承認銀行といわれ厳しく監視された。炭鉱融資が焦げ付いたあとの福岡銀行が決算承認銀行にされ、頭取が日銀から派遣されるなど、経営の自主性は大きく制限される時代だった。

1984年に中曽根康弘首相は金融機関の状況について「過保護と言われる面もまたある。安定性を持たせる意味から非常に保護したり監督したり、いつも調査査察をしたりしている点は理解はできるが、ややもすれば監督官庁の過剰な介入とか、自由経済の趣旨にそぐわないようなものが起こる。近ごろ地方銀行を見ると、ほとんど大蔵省の役人が天下って頭取をやっている。相互銀行なんかほとんどそういうふうにまたなりつつある。これは考えさせられる面でもある」と指摘していた。

そうした銀行システムのもとで、金融機関が序列付けされた。最も体力がない信用組合の経営が安定するほど厳しい監督のもとでは、信用金庫、地方銀行、大手銀行と規模が大きくなるほど、余裕が生まれた。

大手都市銀行はその頂点に君臨し、経済的にも社会的にも高い地位を獲得した。１９８０年代には、大手都市銀行の支店長になれば年収が２０００万円を超えるようなケースも見られた。当時の大学生にとって銀行はあこがれの就職先だった。高給で、しかも破綻があり得ない公務員に近い安定性が確保されると考えられたからだ。

１９８０年代にはそうした規制に支えられた銀行の力がピークに達した。世界の銀行の株式時価総額の順位では邦銀が上位を占めた。ただ貯蓄の担い手が世界に冠たる地位を築いたかに見えた足元で、貯蓄経済のひずみが広がろうとしていた。

2　貯蓄経済のひずみ

消費は美徳——経済成熟し消費主導へ転換

戦後は、とにかく資金が足りなかったが、復興が進むにつれて少しずつ余裕が出始める。経済白書が「もはや戦後ではない」としたのが1956年。そのころから冷蔵庫、洗濯機、テレビの三種の神器に代表される耐久消費財ブームが始まる。貯蓄一辺倒は変わり始めた。

1960年、池田勇人氏が首相に就任し、国民所得倍増計画を打ち出した。経済は順調に拡大するなかで、倹約し貯蓄するといったこれまでとは違う経済の動きが見られるようになる。

1962年3月7日の参院予算委員会で参議院同志会の大谷瑩潤氏は質問のなかで「いわく消費は美徳である等々、あらゆるキャッチ・フレーズが横行して、ちまたのパチンコ屋はいよいよの盛り、観光の名において非常識に豪華なキャバレーやゴルフ場ばかりが際限もなくでき上がって、いたずらに消費を謳歌して、有閑、驕著、浪費、享楽をあふる傾向がとうとうとして世をおおうている」としている。

東京五輪のあと経済は一時的に減速したものの、その後勢いを取り戻す。60年代後半から大量生産・大量消費をベースにした「消費こそ美徳」といわれる時代に突入する。そうした消費の時代は、日本列島改造論を掲げて首相についた田中角栄氏の時代にピークを迎える。

田中氏は当初「大量生産、大量販売の経済活動については、それが生産コストや販売コストの軽減を通じ、物価引き下げ効果を持っているので、資源浪費のデメリットを除去する方向で検討していくことが妥当ではないか」（1973年7月13日）としていた。

しかし石油危機が勃発、原油価格が急騰し、日本は省資源、省エネルギーの産業構造への転換を迫られた。田中首相は「国民生活においては生活感覚を転換させて、資源の浪費を排し、節約は美徳の価値観を定着させていかなければなりません」と訴えざるを得なくなった。

再び国民の目が消費に向かうのはバブル期だ。85年のプラザ合意を受けた金融緩和で地価、株価が高騰し、その資産効果が経済を押し上げた。ベンツなどドイツの高級自動車や、グッチやルイヴィトンをはじめとする高級ブランドのバッグや服などが飛ぶように売れた。

ところが1989年末をピークに株式バブルが崩壊。経済が停滞するなかで、所得も低迷し、消費の伸びは鈍化する。ユニクロなど低価格を売り物にする衣服が売れて、ブランドブームは下火になっていった。

消費は盛り上がりかけると、経済が混迷して、節約や倹約ムードが強まる歴史を繰り返したのだ。

この間の家計貯蓄率の推移を見てみると、戦後から1970年代半ばまで貯蓄率は上がり、70年代半ばには23％程度になった。貯蓄推進運動の影響に加え、所得が伸びたことが大きいと見られる。80年代半ばにかけて貯蓄率は13％程度にまで下がり、その水準が90年代半ばまで続く。この水準は下がったとはいえ、フランスやドイツ並みで、米国の倍近い水準だった。その後、貯蓄率は再び低下を始める。貯蓄率が下がったのは高齢化と所得低迷が背景で、２０１０年代半ばにはマイナスに陥る事態となった。

「銀行よさようなら、証券よこんにちは」

高度成長を遂げるなかで、金融の担い手に変化が生じた。復興期には設備資金が不可欠で、貯蓄でそれを賄う銀行が金融の中心だった。ところが成長に伴って証券市場が活性化する。

このころ、はやった言葉に「銀行よさようなら、証券よこんにちは」というのがあった。新しい金融商品として投資信託が投入され、残高が急に伸びた。日興証券が公社債投信を販売するときのコピーとして生み出したのが、その言葉で、金融新時代を感じさせるものだった。

１９６４年に開かれた東京五輪の準備のために首都高速道路、東海道新幹線、東名高速道路など膨大なインフラ投資がなされ、株価が高騰した。株式取引の主な担い手は山一、野村、日興、大和の４大証券で、銀行を追い上げる勢力を形成しつつあった。

ただ証券ブームは五輪後に行き詰まる。63年に米国でケネディ大統領が暗殺されたのを機に株価が大幅に下落し、多くの投資信託が元本割れとなった。その影響もあって64年には山一證券が赤字になり、65年5月には取り付け騒ぎが発生した。危機対策として日銀が無担保・無制限で主力の日本興業銀行、三菱銀行、富士銀行を通して山一證券に融資を実施した（山一特融）。

それとともに銀行が中心になって日本共同証券を設け、同証券が株式を大量購入した。さようならといわれた銀行が、こんにちはといわれた証券会社を救う皮肉なもので、結局、銀行の信用力が再確認され、貯蓄の時代が続いていることが印象付けられた。その一方で、取り付け騒ぎは沈静化したが、無責任に株価をあおった証券界への不信感は残った。

1970年代に日本は2度のオイルショックを経験したものの、日本経済は成長を続けた。株価は経済成長に歩調を合わせて上昇したが、証券会社の地位は大きくは高まらなかった。

国民は、株式市場は投機的と見ていた。株式投資を手掛ける一定層は存在するものの、多くの国民は「銀行は信用できるが、証券会社はちょっと」といった受け止め方だった。証券マンは顧客を訪問し、株価が上がりそうだと特定銘柄を勧める営業に終始したことから、「株屋」と呼ばれることも少なくなかった。

私は1982年に大学を卒業しているが、そのころ文系の就職先として人気が高かったのは大手銀行だった。銀行がだめなら、メーカー、それでもだめなら証券会社という順だった。

証券会社の評価が変わってくるのは1980年代後半、バブル経済に突入してからだ。1985年に日・米・英・西独・仏のG5がドル高是正で合意したプラザ合意を受けて、円相場が急伸。それに伴う景気の落ち込みを回避するため政府が大規模な経済対策を、日銀が大幅な金融緩和をそれぞれ実施し、株価が高騰し始める。

また政府は政府系機関の民営化に乗り出した。１９８６年10月に日本電信電話の政府保有株式を放出した。売り出し価格は１１９万円だったが、上場初値は１６０万円を付け、わずか2カ月で株価は３１８万円まで高騰する。抽選に当たった人は「ＮＴＴ長者」とよばれた。

その後もＮＴＴ株は放出され、１９８０年代末にはＮＴＴの株主は１６０万人にまで増えた。一部の投機的な投資家が中心だった株式取引に一般大衆が参入し、証券投資に対する負のイメージは一時的にはかなり払拭されたかに見えた。

証券会社は高い利益をたたき出し、バブルの最盛期には証券会社の新入社員の冬のボーナスが１００万円を超える例も見られた。大学生の就職先としての人気も上昇し、銀行に比べて低かった業界の地位が大きく向上した。

床の間を背にする銀行マン

貯蓄を担い、その資金を産業界に回す役割を託された銀行は、次第に傲慢になっていく。高度成長期にはとにかく資金が足りなかった。銀行は支店をフルに使って個人から預金を集めた。銀行は、その資金を貸す企業に対し「上から目線」で接するようになっていった。

お金の貸し借りは本来、純粋なビジネスでどちらが上とか下とかいうものではない。銀行にとっては融資先企業も利息収入をもたらしてくれる顧客であるはずだが、可否を判断する銀行が偉いとの態度を取り始めた。会合などでは銀行の営業担当が床の間を背に座り、顧客である中堅中小企業の社長がそのご機嫌をうかがうといった光景が見られた。

銀行の経営は易きに流れていく。1980年代は、実は日本経済が高度成長から安定成長へと移行する時期に当たった。本来企業は成長率の低下に対応する変革が必要だった。しかし株価と地価が暴騰するなかで、金融関連の収益が膨れ、変革への対応は緩慢だった。

銀行は本来、企業の事業の将来性を判定したうえで、回収が見込める先に資金を貸し付ける。将来性の判定には人員の育成が必要で、手間暇がかかる。融資需要は膨大で、将来性の判定を十分しないまま、担保があれば融資を出した。

銀行はライバル銀行を追い越そうと融資の量を競い、不動産を担保にした、建設、ノンバンクなど向けの融資が積みあがった。1980年代前半までは不動産担保融資は、担保の7割までを上限としてきたが、80年代後半には担保の10割まで貸し付けた。量は増えたが、その陰で「目利き」の機能は損なわれていく。地味な分野は構っていられないという感じだった。

多くの銀行が不動産融資に狂奔するなかで、比較的冷静なバンカーも少数ながらいた。大手では三菱銀行の伊夫伎一雄《いぶきかずお》頭取は、他行が不動産融資にのめり込むなか、慎重な対応をした。同行は石橋をたたいても渡らないといわれるほど慎重な文化だったが、80年代の末には不動産融資に注力し始める。しかし取り組みが遅れた分、傷は浅かった。

地方銀行では、静岡銀行が不動産融資を手掛けなかった。「生業でキャッシュフローを生み出すビジネスに資金をつける」というのが頭取の酒井次吉郎氏の経営哲学で、他行が不動産融資で大きな利益をあげても一切動かなかった。銀行内には焦りもあったというが、経営者がぶれなかった。同行はバブル崩壊の影響はほとんど受けず、終戦直後の半期を除いて、不良債権時期にも赤字を計上していない。

カジノと化した証券界

ＮＴＴ株の放出で株式投資が一般化し、大きな金融機能を担っていくと期待された証券会社の経営もゆがんでいく。

80年代に証券会社は、豊富な預貯金を持つ顧客に、値上がりが期待できる株式を猛然と推奨する。その月の推奨銘柄を決めて週報などに掲載し、全国の支店を動員して、預金者に株式の購入を働きかけた。推奨銘柄になると株価の上昇が期待できるため次の推奨銘柄に関する情報が事前に出回り、それが株式売買の材料になっていた。

より投機的な商品の販売にも力を入れた。株式に転換できる転換社債と、新株の購入を予約する新株予約権証書（ワラント）だ。バブルで株式がプラチナ・ペーパーとなるなかで、その取得ができる新しい投資商品と喧伝された。ただ当時の預金者の金融リテラシーは低く、多くの預金者が「転換社債やワラントは得ですよ」という証券会社の営業マンのセールストークを信じて、投資した。

貯蓄を獲得しようと激しい競争が繰り広げられていたが、当局に利用者保護の意識は薄かった。多くの預金者が「値上がりが確実ですよ」とのセールストークにつられて投資したが、バブルの崩壊とともに転換社債の価格は大幅下落し、ワラントは紙くず同然になるものが続出し、証券会社の信頼が大きく揺らぐことになる。

バブルで企業モラルも低下

バブル経済の金融資本市場のゆがみは、企業をも巻き込んだ。この時期の企業モラルの低下を象徴するのはリクルート事件だ。リクルートの創業者の江副浩正氏が関連不動産会社リクルートコスモスの未公開株を賄賂として、要人に幅広く譲渡していた。

１９８８年６月に川崎駅西口開発に絡んで川崎市助役に譲渡されていたことが、朝日新聞の報道で発覚。その後、竹下登首相、宮沢喜一蔵相、安倍晋太郎自民党幹事長など政治家にも幅広く譲渡していたことが明らかになり、89年４月に竹下内閣は総辞職に追い込まれた。

また官僚では元文部事務次官の高石邦男氏、財界人では元ＮＴＴ会長の真藤恒氏などにも譲渡されており、法律に抵触する真藤氏などのケースでは収賄罪で起訴され、有罪が確定している。

未公開株は公開されていないため証券取引所では売買できず、販売できるのは発行会社と、登録された証券会社だけ。江副氏はその特別な立場をフルに利用して、未公開株を政財界での活動に利用したのだ。一般には買えない株式であるため、その希少性を売り物にしようという商魂はたくましいかもしれないが、カネの魔力の前にモラルは崩れていった。

バブルによる企業のひずみは、リクルートによる不祥事という特殊な例だけではなかった。この時期、株価や地価が高騰し、銀行や証券会社が高い利益をたたき出していたため、一般企業からは金融業がバラ色に輝いて見えた。

そのため企業は相次いで金融業を手掛け始める。製造業にとってみれば1つの事業にだけ賭けていると、その事業が傾けば、企業自体が揺らぎかねない。そのため複数の事業を手掛けることで、リスクが分散できる利点があると、金融業に参入したのだ。

経営論的には正しいが、それは取り組みがしっかりしている場合だ。新たに手掛ける金融業の大半は株か為替の売買で、相場の方向性に賭ける投機だった。企業経営者からは、株式投資の裏のリスク管理などは見えていなかった。阪和興業や三菱商事は金融業で存在感を高めたが、その後のバブル崩壊で大きな痛手を被ることになる。

より深刻だったのは、多くの企業で本業がおろそかになってしまったことだった。日本企業は欧米に追い付け追い越せを合言葉に、働き蜂のように働いて、世界で通用する製品を生み出した。本来は1980年代後半も、そうした競争力に磨きをかけて、世界での地位をしっかり固める必要があった。

しかし本業の競争力強化にかけられるべき経営資源が、金融業に回され、空費された。「ジャパン・アズ・ナンバーワン」と持ち上げられ、世界を技術力で制覇したかに見えた企業は、競争力を失い始めていた。当然、その企業の株式を売買する株式市場にも暗い影が忍び寄っていた。

3　貯蓄システムの動揺――バブル崩壊の爪痕

消極的貯蓄の時代

日本が戦後築いてきた貯蓄文化を大きく揺さぶったのが、バブルの崩壊だ。

銀行と証券は1980年代後半に、もたれあいながら株式、土地バブルを膨らました。銀行は株式持ち合いで企業の株式を保有し、株価上昇の下地をつくった。不動産融資を積極化して、地価の上昇をも後押しした。資産価格の上昇に支えられ豊かになった個人は、資金を銀行に預金した。証券会社はさまざまな商品投入と攻撃的な営業で、預金資金を株式などの投資に振り向けようとしていた。ともに栄えるシステムが機能していた。

バブルの崩壊はそうしたシステムを根底から揺るがした。株価が大幅に下落して投資対象としての魅力が低下した。銀行は株式保有の削減に乗り出すとともに、融資姿勢を慎重にした。金融主導による景気刺激効果が減衰した。先行き不透明感が強まるなかで、個人は投資より預金を重視した。証券会社の株式ビジネスが揺らぐことになる。

証券会社の勧めで株式を買った投資家は、大きな損失を被ることになる。「絶対値上がりしますよ」という言葉に騙されたと思った投資家は少なくなかった。株式投資を大衆化するのに役立ったＮＴＴ株は３００万円台まで高騰したあと、第１次売り出し価格を下回る水準まで値を下げる。証券会社の「株屋」のイメージは払拭されないどころか、強まった。

銀行にお金が滞留したものの、お金を預かる銀行の健全性にも疑義が広がっていった。バブル期の不動産担保融資の焦げ付きが懸念され、信用は揺らいだ。

ただ預金は、制度的には預金保険の仕組みによって守られていた。政府はバブル前から護送船団方式を維持しており、破綻を容認する監督姿勢への転換は難しいと見られていた。そのため消極的な選択ではあるが、銀行に預金を置いておく傾向が強まることになる。

不祥事を逆手に取る懲りない体質

バブルが崩壊しても、金融商品をめぐる現場はバブル期の不透明さを引きずっていた。株価が下落したため多くの投資家が含み損を抱え、そうした株式を勧めた証券マンの顧客訪問は難しくなる。大手証券でトップ級の株式セールスマンですら「訪問の予約を取り付けようとしても、相手にしてくれない」と嘆くほどだった。

とはいえ顧客訪問に二の足を踏んでいれば、顧客はますます離れていく。そこで顧客獲得の切り札にしたのが、未公開株式だった。証券会社が投資家に上顧客向けの有利な商品との印象を植え付けた。投資家にしてみれば、自分もリクルート事件での竹下氏や宮沢氏のように利益を得たいという思いが強い。証券マンは未公開株を武器に顧客離れを食い止めようと奔走した。

ところが購入した顧客はその株式の売買ができないまま、株式の実質価値が下がる例が相次いだ。賄賂に使われるほどのお宝を手にしたいというゆがんだ購入動機だったのだから自業自得の面もあるが、購入した投資家にはまた証券マンに騙されたとの思いが募っていく。

未公開株の購入者は、証券会社にとってはお得意先であることが多いため、対応を迫られる。日本証券業協会は1997年に未公開株など非上場企業の株式を公平・円滑に売買するためとして、グリーンシート制度を設けた。未公開株の売買の場を設けることで、売れないという投資家の不満を解消しようとした。

しかし売買するのなら、上場株式に準ずる情報開示など公平な取引基盤にする必要があった。もともと一部の投資家だけに有利に見える商品を販売しようという証券会社の意図で取引されているもので、公平性を求めて作った制度のもとでの商いは低調だった。グリーンシート制度は2018年3月末に廃止されている。

未公開株については、いまだに購入を勧める詐欺事件が相次いでいる。金融庁は「値上がり確実」「発行会社との強いコネにより入手」「あなただけに特別に譲渡します」などと称して未公開株の購入を勧められ、購入したものの株券が届かないといった例が相次いでいると注意を呼び掛けている。不祥事を逆手に取った証券会社の未公開株ビジネスは、深い闇を生み出すことになった。

反社会的勢力の影――証券会社の信用失墜

バブルの時代に生じた銀行や証券会社の規範のゆるみは、バブル崩壊とともに厳しい結果を生んだ。90年代に証券界では業界を揺るがす大不祥事が2回も起きている。1回目は大口顧客への損失補塡だ。大手証券会社が特定の顧客に対して株式などで被った損失の穴埋めをしていた。

「経営にたまったウミを取り除くには新しい世代が取り組むしかない」。バブル崩壊が経済にのしかかり始めた1991年7月22日、野村証券の田淵節也会長と田淵義久副会長が辞任した。田淵節也氏は1978年に野村証券の社長に就任し、日本の株式市場をリード。右肩上がりの株式バブルに乗って、野村を国際的な証券会社に育てた証券界のドンだった。

しかし野村では91年、広域暴力団である稲川会の関係者との取引が発覚。さらに大口顧客との取引では勧めた株式などが市場変動で損失を出したケースで、禁止されている損失補塡をしていることが明らかになった。

バブル経済の時期には暴力団は総会屋などと結び付き企業社会に食い込み、紛争解決などを通じて証券会社ともパイプを築いていた。また株式売買は打ち出の小槌と認識され、暴力団も株式を有力な資金源としていた。縄張り内で風俗営業店などから、みかじめ料を徴収することなどで得られる利益よりはるかに巨額の利益が得られるためで、そこに大手証券会社が絡んでいた。

暴力団との取引からも手数料が取れるためビジネスとしてはプラスと映ったのかもしれないが、結果的に反社会的行為を手助けしていたことになる。金融仲介業者としてのモラル低下の極みだった。

損失補塡も重かった。バブルが崩壊し、多くの個人投資家が損失を抱えるなかで、大口の一部顧客にだけ、損失を補塡していたのだ。証券市場はさまざまな投資家が平等な立場で参加するが、一部顧客は株価が上がればその益を自らの利益とし、株価が下がれば証券会社が損失を補塡するサービスを受けられる、いかさまカジノのような状況になっていたのだ。

損失補塡されていた企業には日産自動車、昭和シェル石油、阪和興業、松下電器産業などそうそうたる有力企業が入っていることが明らかになり、補塡額の合計は２０００億円を超えていた。証券会社が大口顧客の損失を補塡する原資は経営者のポケットマネーではなく、証券会社が一般顧客などとの取引で得た利益だった。一般顧客は公平な立場で取引に参入できていなかったどころか、一部顧客の損失補塡の原資を供出させられていたことになる。証券会社の信用は地に落ちた。

90年代の2度目の証券不祥事は、より深刻だった。利益供与が問題になった95年の野村証券の株主総会は、引責辞任したはずの田淵節也、田淵義久の両氏の役員復帰が俎上《そじょう》に上がっていた。過去の不祥事に蓋をするような野村証券の行為に対する批判が高まるなか、その問題が取り上げられる可能性のある株主総会を円滑に進めるためにさらに反社会的勢力に資金を渡していたのだ。

１９９７年5月30日、東京地検特捜部は、野村証券の元常務による総会屋の小池隆一氏への３８００万円の利益供与を事前承認していたとして元社長の酒巻英雄氏を商法による利益供与と証券取引法による損失補塡との容疑で逮捕した。会社ぐるみの反社会的勢力への利益供与で、91年の証券不祥事の反省は全くされていないことが明らかになった。

さらに97年の9月には、山一証券の総会屋への利益供与に関して、前社長の三木淳夫氏を商法違反と、証券取引法違反の容疑で逮捕した。10月には日興証券元常務が、11月には大和証券元副社長が商法違反と証取法違反の容疑などで逮捕されている。当時の証券市場は証券大手4社が牛耳っていたが、その幹部が前回の反省もないまま反社会的勢力と取引を続けていた。

4社で最後の大和証券副社長の逮捕から3週間もたたない11月24日に、山一證券が自主廃業を決める。大規模な破綻だったが、違反する損失の飛ばしに手を染め、さらに反社会的勢力とのかかわりが明らかになった証券会社を救うべきだとの議論は盛り上がらなかった。

大手証券会社は2度の不祥事で信用が揺らぎ、貯蓄から投資の受け皿としてはふさわしくないとの認知が広がるなかで、金融制度を改革する日本版ビッグバンを迎えることになる。

総会屋の暗躍――紳士のはずの銀行も不祥事にまみれる

紳士的と見られていた銀行界も不祥事に揺れた。銀行は本業として融資を手掛けており、返済をめぐるトラブルが起きやすい。それに加えバブル期の不動産融資の際に、近隣地もまとめて買い上げる地上げなどにも絡んだ。トラブル解決や地上げに反社会的勢力の助けを借りたが、いったん関係を築いた反社会的勢力は銀行をむしばんでいった。

例えば第一勧業銀行の麹町支店は１９８８年に行員が決済資金を不動産会社「日進」に不正支出していたことが明らかになっている。日進は暴力団や地面師などと関係があり、銀行が支出した資金の半分が地上げに充てられていた。

また日本債券信用銀行系のノンバンクである日本トータルファイナンスが茨城県の岩間カントリークラブの経営会社に１７０億円を融資していたことが、１９９１年に発覚している。岩間カントリークラブは広域暴力団の資金集めに使われており、融資は暴力団の経済進出を後押ししていた。トータルファイナンスは「ゴルフ場のプロジェクトとして成功する見通しがあったため融資した」としらばっくれていた。

さらに１９９１年には、住友銀行の巨額の資金が繊維商社、伊藤萬を通じて暴力団関係者などに流れていたイトマン事件で関係者が逮捕されている。仕手戦の融資などを手掛けていた経営コンサルタントの伊藤寿永光氏が、経営不振に陥っていた伊藤萬に接近。住銀出身の河村良彦社長は住銀の磯田一郎会長の腹心で、伊藤萬は経営立て直しのためとして美術品などに投資する資金を住銀から引き出していた。伊藤萬は美術品を、実勢価格を大幅に上回る価格で購入、購入代金が美術商を通じて闇世界に消えていった。磯田会長は引責辞任している。

暴力団などとの関係は、銀行に犠牲者を出すことになる。バブル期に地上げを手伝ってもらい利益を分け合ったが、バブル崩壊とともに損失が膨らんだ。暴力団などが期待した利益が確保できなかったり、関係会社が損失を抱えたりした。真相は究明されていないが、１９９３年には阪和銀行副頭取、94年には住友銀行名古屋支店長が殺害されている。これを機に、銀行の債権回収の手がすくみ、不良債権が膨らんでいった。

1997年には第一勧業銀行が総会屋と長年癒着していたことが発覚し、東京地検が本店を捜査し、同行幹部が総退陣した。同行の古くからの関係者から「総会屋事件は宮崎さん（会長）が神戸から引きずってきたものだ」と教えてもらい、あまりの根の深さに驚いたことを覚えている。

同行がメーンバンクを務める神戸製鋼所で1960年代半ばに尼崎製鉄の合併に関して内紛が起き、解決のために児玉誉士夫氏と総会屋の木島力也氏の力を借りた。当時、第一銀行の神戸支店次長だった宮崎邦次氏が総会屋との接点を持つ。

その後、第一銀行の長谷川重三郎頭取は三菱銀行と合併交渉を始めるが、第一銀行の井上薫会長が反対し、木島氏ら総会屋の力も借りて交渉を妨害し、合併交渉は失敗した。井上氏は頭取に復帰し、日本勧業銀行と合併する。宮崎氏は井上氏の秘書役となり、のちに頭取、会長となる。

木島氏は第一勧業銀行にとっての恩人と見られ、同行は合併スタート当初から総会屋との関係を持ち続けた。木島氏は93年に死去するが、第一勧銀との関係は小池隆一氏に引き継がれた。また井上氏も93年に亡くなるが、その時点で会長は宮崎氏が務めており、総会屋との関係は維持された。第一勧銀は発足から四半世紀にわたり、総会屋との関係を維持し続けていたのだ。97年の事件発覚を受けて宮崎氏は自殺している。

銀行と暴力団との関係は、第一勧業銀行のように古くから引きずってきたものだけではない。長崎県の親和銀行では1998年5月に、元頭取の辻田徹氏が頭取時代に暴力団関係の不正融資を行ったとして特別背任で逮捕されている。

発端は辻田氏の女性スキャンダルで、その情報を入手した総会屋が融資を求めた。それに対して辻田氏は知人の企業経営者に対応を依頼し、企業経営者は関西の暴力団に事態収拾を依頼。その暴力団が総会屋と話をつけ、親和銀はスキャンダルを収めた謝礼としてその企業を経由した迂回融資をしていた。

関西の暴力団はその後も親和銀に融資を求めたため、辻田氏らは関係を断つため今度は山口組系暴力団に支援を求めた。親和銀がスキャンダルもみ消しのため、暴力団の金づるとして利用される格好になり、事態を重視した当局が捜査に入り、同行の元頭取、元常務、元東京支店長などを逮捕している。不正融資は100億円を上回っていた。

貯蓄を扱う銀行も、投資を扱う証券も不祥事にまみれていた。本来、マネーを引き付けるために必要な信用が、貯蓄、投資の両方の担い手から消えていた。

Ⅱ

大転換

貯蓄から投資の枠組み作り

1　海外モデル導入の試行錯誤

ウィンブルドン方式の衝撃――サッチャー首相の覚悟

銀行が預金を集め、融資によって企業に回す日本経済を支えてきたシステムは、バブルの崩壊によって激震に見舞われる。銀行や証券会社は不祥事にまみれ、経済には危機が迫った。お金を回すシステムの再構築が喫緊の課題となり、米国型の市場を活用する金融システム作りを目指すことになる。それは「貯蓄から投資」の名で呼ばれる金融構造改革の始まりを意味していた。

1990年代前半、取材先で会った金融機関の幹部たちはアンビバレントな心理状態にあった。まだバブル期に米国を追い上げていたという自信が残り、一時的に業績がいいと気持ちが昂る。同時にバブル崩壊でどこまで落ちていくのかわからない不安感を抱き、時に暗く落ち込む様子が見て取れた。

落ちていく日本から世界に目を向けると、金融業は先物など金融派生商品（デリバティブズ）の拡大、証券化の急進展などその姿を大きく変えようとしていた。日本はそれについていけず、市場の地盤沈下が鮮明になる。市場の活性化は待ったなしだった。

モデルは、英国のサッチャー首相が進めていた金融市場改革（ビッグバン）だった。英国は、70

年代には「ゆりかごから墓場まで」といわれた手厚い社会保障政策が行き詰まり、「英国病」と形容される経済停滞に陥っていた。シティはかつて世界最大の国際金融市場だったが、ニューヨークやフランクフルト、チューリヒの猛追を受け、その地位が揺らいでいた。

1979年に登場したサッチャー政権は、「小さな政府」を掲げ経済構造改革に取り組んだ。シカゴ学派が提唱していた新自由主義の思想に基づくもので、政府の過剰な介入を廃し、市場原理で資源の最適配分を目指す。景気変動に対しても財政でなく、マネー供給の調整で対応する考えだった。

規制緩和と民営化による経済活性化の一環として86年に打ち出したのが、ビッグバンと呼ばれる金融改革パッケージだった。内容は株式・債券の売買手数料自由化、ブローカーとアンダーライターの兼業規制の廃止、取引所会員権の外国資本への開放などで、改革に合わせた金融サービス法も整備した。

その結果、引き受けを手掛けていた英マーチャントバンクやブローカーは相次いで外資に買収されていく。モルガングレンフェルはドイツ銀行に、フィリップス・アンド・ドリューはスイス・ユニオン銀行に、SGウォーバーグはスイス銀行に、それぞれ飲み込まれていった。買収側は英国勢を飲み込んでロンドンでの取引を拡大した。

その様子は、テニスで最も権威のあるウィンブルドン大会に例えられた。場所を提供するのは英国だが、活躍するのは米国やスウェーデン、スペインの選手たち。シティは英国以外の金融機関が活躍する場を提供することで、世界一の市場を作り上げた。

海外の金融機関に活躍してもらうには土俵作りが重要になる。株式などの売買手数料の自由化はその象徴だった。従来は、英国の古くからの業者と当局が手数料を決める不透明な市場だった。市場原理を取り入れることが最も効率的な資源配分に役立つという思想を、規制緩和の形で示した。

日本の証券関係者にとって英ビッグバンは衝撃だった。日本の株式市場は英国と同様に株式売買手数料を規制していた。また市場は大手証券4社が規制作りなどで大きな影響力を持ち、古く廃れたシティに似た構造だった。

それでも80年代は株式市場が栄えていたため市場構造を変えようとする機運は乏しかったが、バブルが崩壊して市場が低迷すると、英ビッグバンは復活のモデルになるとの声が強まった。自国の金融機関が買収されても市場活性化に取り組むくらいの決意がないと東京市場は復活しないとの危機感が、政界や経済界に徐々にではあるが広まっていく。

米銀を変えたＲＡＲＯＣ——収益至上主義の台頭

もうひとつこの時期の銀行やお金の流れに大きな影響を与えたのが、収益至上主義の台頭だった。

１９８０年代後半、シティバンクなど米マネーセンターバンクの収益が低迷した。メキシコの債務不履行（デフォルト）に端を発する、同年代前半の中南米債務危機の影響で、海外業務が大きな打撃を受けたからだ。米国内では貯蓄金融機関（Ｓ＆Ｌ）の破綻が相次ぎ、景気は厳しさを増していた。

さらに1988年に銀行監督当局は、銀行の自己資本比率規制の92年からの導入で合意した。金融危機が相次ぐなかで、銀行の健全性を維持するには健全性を担保する自己資本が必要との考えに基づくものだった。

銀行、とりわけマネーセンターバンクはビジネスモデルの見直しを余儀なくされる。新しい資本規制のもとでは、融資を増やしてリスクを取れば、それに見合った資本の拡充が必要になる。その分、収益性が落ちるわけだ。危機による傷と規制による融資コスト増は、銀行に新しい収益モデルの構築を迫った。

各行が目指したのは、収益力の拡大だった。自己資本利益率（ROE）で見て1ケタ台というのは容認できない水準であり、収益拡大のための経営努力が求められた。

当時、最も先端的であると注目されていたのは、米バンカーストラストの経営改革だった。そこでニューヨークのバンカーストラストに取材に行くと、副会長のジョージ・ボイタ氏が、新しい銀行経営の考え方を2時間余りにわたって懇切丁寧に説明してくれた。

ボイタ氏の説明は衝撃的だった。まず、それまで銀行業務の中核だった融資について、「貸出金を期限まで保有することは業務とは考えない」と指摘した。80年代の中南米債務危機による不良債権問題のような事態を回避するためにも、融資は市場で売却し、リスクは抱え続けない方がいいというのだ。預金を預かり、それを原資に融資するというビジネスモデル自体が古くなっており、市場をベースにしたものに全面的に変えるという発想だった。

同氏はもともとオランダで中南米取引などに強みのあったNMB銀行（のちにポスト・バンクと合併、さらに大手保険ナショナル・ネーダーランデンと合併してINGを形成）の役員をしていて、その後、バンカースに入った。中南米危機を踏まえた国際金融市場での貸出債権の売買など最先端に通じており、それが新しい銀行モデルづくりに生かされた。

さらに銀行の経営モデルを見直すに当たっては、「富の創造が金融業務の役割だ」と強調。そのうえで富を生み出すための基準として、新しい自己資本比率規制などを踏まえリスク調整後資本に対する利益（RAROC）の考え方を説明してくれた。部門ごとにRAROCを算出し、収益という尺度からすべての業務を見直すという。

このバンカースの考え方はウォールストリートに急速に広がっていく。

貸し出しの売買市場が整備されつつあったこともあって、融資はリスクの状況に合わせて売買する対象となった。融資して抱えるという行為は銀行の古いカルチャーとの認識が強まっていく。融資による収益に頼らないで、安定収益をあげるため非金利収入の拡大が喫緊の課題になった。そこでマネーセンターバンクが取り組んだのが、手数料に基づく収入とトレーディングに基づく収入の拡大だ。

各行は派生商品、投資銀行業務とアドバイザリー業務、資金管理サービス、証券関連サービスの強化などに取り組む。信用リスクが低く、資本を効率的に利用できる収益性が高い業務を、銀行業の柱にしていった。

融資は、証券化の登場もあって業務の在り方が大きく変わった。融資は組成にかかわるオリジネーション、資金を提供するファンディング、その後の管理業務などサービシングに分解され、それぞれに強い業者が手掛けることになる。

より大きな影響を及ぼしたのが前出のRAROCの考え方だった。部門別のRAROCが把握されると、経営者は対応を迫られた。部門別で赤字になっているような業務は切り捨て、高収益部門は強化する。高収益化のために足りない業務は、他の金融機関から買ってくる必要が生じたのだ。

経営者が「選択と統合」の経営判断を迫られた結果、1つの銀行を部門別に切り分け、それを再統合してより力強い金融機関を作ろうとする動きが活発化した。このいわば戦略的な統合の嵐が1995年ごろから吹き荒れることになる。ケミカルがチェース・マンハッタンを、ドイツ銀行がバンカーストラストを、ネーションズがバンク・オブ・アメリカを買収するなど大型買収が相次ぎ、米金融地図が塗り替えられていった。

米国スタイルの輸入——外資コンサルタントの暗躍

米国でマネーセンターバンクの大規模経営転換が起き始めていたころ、日本では金融危機のにおいが漂い始めていた。中南米債務危機、S&L危機など米国を揺るがしたような危機が、日本でも起き始めようとしていた。

渦中の都市銀行は、収益が低迷していたマネーセンターバンクと似た状況に陥りかけていた。銀行の経営者はまだ自分たちは世界で一流とうぬぼれていたが、米国でマネーセンターバンクの経営改革に関与していた米系コンサルティング会社が、ビジネスチャンスだと見て手ぐすねを引いていた。

１９８９年に北海道拓殖銀行から21世紀に向けた経営ビジョンの策定を受託していたマッキンゼーなどが、邦銀向けのコンサル業務を強化した。彼らの提言は収益性を高めることだった。各グループは米国では銀行経営に詳しく、博士号（ＰｈＤ）を持つ有力コンサルタントを多く抱えていた。日本ではそうした要員を抱えているわけではなく、米国のノウハウを紹介するような形のコンサルが中心だった。

提案内容は非金利収入の強化など米国のマネーセンターバンク向けの処方箋の焼き直しであることが多かった。日本の銀行はシェア重視で、収益マインドが薄かった。そのため収益至上主義の考え方は、経営者のマインドを変える一定の役割は果たした。

とはいえ米国と日本とでは金融カルチャーや銀行が担う役割は大きく違っていた。米国では金融機関は得意分野で取引を獲得し、企業は取引によって銀行を変えることも少なくない。収益性のスクリーンで取引の一つひとつを吟味しやすい環境があった。一方、日本では、銀行はメーンバンク制に基づき、相手に幅広い総合金融サービスを提供する。どんぶり勘定的ではあるが、安定的にさまざまな収益が期待できる面もあった。

また米国の場合、銀行業でも雇用の流動性は高く、合併などに伴う解雇を受け入れるような人事制度が確立されていた。ところが日本では、終身雇用が前提になるなど流動性は高くない。米国のように銀行組織をアンバンドリングして、それを再統合するような処方箋は、日本の企業風土で無理やり実施すればさまざまな軋轢が生じ、効果は限られる。

市場構造を見ると、米国では分厚い資本市場や、ミドルマーケットで業務を拡大しつつあった幅広いノンバンクの存在があり、マネーセンターバンクが融資業務を減らしたり、売却したりしても、それを肩代わりする機能が備わっていた。しかし、日本では融資は銀行が圧倒的なシェアを確保しており、その銀行が融資を抑制すれば景気に甚大な影響を及ぼす。

コンサルの提案は日本経済全体を見渡すようなものではなかったし、彼らにそんな気もなかった。それでも有効な改革策が打ち出せない銀行にとっては、収益至上主義の導入は目先の収益を高め、不良債権問題を乗り切る処方箋に映った。コンサルが主催するコンファレンスには多くの銀行関係者がつめかけ、銀行は米国型の手法をつまみ食いし始める。

長期的に見れば銀行の高かった給与の引き下げなどによる経費節減が、収益を押し上げる効果はあったかもしれない。ただそれによってメガバンクなどでは経営トップの年俸は大きく増えている。行員の給与を下げて成績を上げたトップが懐を肥やしたわけで、その分、従業員のモラルは落ちている。

収益至上主義が結果的に邦銀にプラスだったのか、マイナスだったのかはわからないが、当時はそれが金科玉条のように掲げられた。米国の金融が強いのはその通りだが、それを真似すればいいという安易な判断がゆがみを大きくしていく。

狩猟文化と農耕文化の融合――銀証相互参入

バブルの崩壊とともに、貯蓄と投資の担い手をめぐる議論も活発になった。当時は「貯蓄から投資」という用語は用いられておらず、銀行と証券会社の業務範囲をどうするべきかというテーマで議論が戦わされた。

戦後、日本の金融システムは銀行が預金を、証券会社が株式や債券など有価証券を扱う業際の仕切りがあった。同じ個人の金融資産だが、扱う業態が明確に異なっていた。一般的には預金は元本保証で、保守的な市民が利用し、株式は無価値になる恐れがあり投機的な市民が利用すると認識されていた。

ただ欧州では、銀行が証券業務を手掛けるユニバーサルバンクが広がっていた。90年代初めには保険までも取り込んだ「バンカシュアランス」「アルフィナンツ」といった概念が注目されていた。顧客から見ると銀行窓口を訪れ、預金も株式も保険も扱っているというのは便利ではあった。

またこの時期に証券化やデリバティブズなどが急速に発展し、銀行商品と証券商品の中間に当たるような新しい商品が相次ぎ開発された。銀行、証券会社という旧来の枠組みにこだわっていては、新しい潮流への対応が遅れてしまう。

そのため銀行が証券業務を手掛けられるよう規制緩和を求め、証券会社が銀行の株式取り扱いは利益相反が生じる恐れがあると反対するなど激しい攻防が繰り広げられた。

大蔵省の土田正顕銀行局長は91年3月に日本の金融状況について「金融の証券化、機械化が進展する中で、各業態で種々の新規業務や新商品の開発がなされている。銀行業務や証券業務などが法律上分離されている現行制度のもとでは、その都度、担い手をめぐり銀行、証券会社などの間の調整に多くの時間と労力を要している。

金融界がいわゆる業際問題のみに明け暮れているかのような印象を持たれているとすれば、大変残念だ。銀行業務、信託業務、証券業務等各種金融業務間の相互参入を基本とする制度改革を行い、問題の解決を図る必要がある」と述べている。

同年に銀行と証券会社が業態別子会社を通じて、相互参入することになった。都市銀行などが、証券子会社を設け、大手証券が銀行子会社を設けた。

さらに1998年に大蔵省は、銀行などに持ち株会社の設立を解禁した。米国などでは大手では銀行持ち株会社形態が増え、それを活用した活発なM&Aが実施されていた。細分化された業務ごとに専門会社が増えていた米国では、競争力強化のために持ち株会社がそうした企業を買収していたのだ。日本でも新しい動きに対応する必要があり、「新規分野への参入に配慮した自由度の高いものにする必要がある」とされた。また持ち株会社のもとに銀行のほか、証券会社などがぶら下がる形で、それぞれの業務が直接的な影響を与えにくいことが利点だとされた。

その後、この仕組みを使って大手金融グループは、持ち株会社のもとに銀行、証券、信託、投資顧問などの業態別子会社を抱え込むようになる。預金は銀行、株式は証券という80年代までの仕切りは事実上、取り除かれ、同じ金融グループが預金も株式も取り扱うことになった。

農耕文化といわれた銀行と、狩猟文化といわれた証券会社が同居する新しい金融グループが形成された。新しい金融グループの文化は、不良債権問題の影響が厳しかっただけに、目先の利益を最優先する狩猟文化的な色彩を強めていく。そんな傾向を決定的に後押ししたのが、橋本政権が打ち出した日本版金融ビッグバンだった。

2 橋本龍太郎首相のビッグバン

リーチ委員長の警告——米監視下で進められたビッグバン

バブルが崩壊して日本の金融システムが揺らぐなかで、システムを抜本的に立て直す議論は、橋本龍太郎政権が打ち出した日本版ビッグバンとして結実した。銀行、証券、外国為替などの分野を含む包括的な金融規制改革パッケージで、政府が間接金融から直接金融への移行を促す「貯蓄から投資」を掲げた政策の始まりとなる。東京をもう一度、ニューヨーク、ロンドンと並ぶ有力市場にすることを目指そうとした。

このビッグバンは、橋本首相のイニシアチブで市場をフリー（自由）、フェア（公正）、グローバル（国際的）なものに作り替えようとした改革策だと受け止められている。しかし、その裏には、日本の金融システムの動揺が世界経済の混乱につながりかねないと懸念した米国が強く改革を求め、日本がそれに応じざるを得なかった事情があった。

１９９５年に国際市場では日本の金融システムに関する疑念が強まりつつあった。前年に東京協和信用組合、安全信用組合が実質破綻したのに続き、この年には木津信用組合、コスモ信用組合、さらには兵庫銀行が破綻した。

にもかかわらず大手銀行の公表不良債権はかなり少なかった。国際的には日本が不良債権の実態を隠蔽していると見られ、大手銀行の経営も危機的だとの見方までくすぶっていた。大和銀行のトレーダーがニューヨーク支店で巨額損失事件を引き起こし、米国では日本の金融混乱のとばっちりを被りかねないとの警戒感も台頭していた。市場で邦銀は、上乗せ金利（ジャパン・プレミアム）を払わないと資金が取れなくなっていた。

私は日銀の動きを取材する金融記者クラブ（日銀クラブ）でキャップをしていたのだが、日銀のある幹部から「こんなＦＡＸが入っている」と見せられた書類がある。発信元は日銀のワシントン事務所で、日本への不信が渦巻いていた１９９５年10月16日に米下院の銀行委員会で開かれた日本の金融問題に関する公聴会の報告だった。

当時は米国の議会や連邦準備理事会（ＦＲＢ）、政府機関はまだホームページで情報を発信していなかった。ＦＲＢや財務省の動きは日本経済新聞など米国に拠点のあるマスコミも報道していたが、そこから漏れることの多い議会の公聴会の情報は政府、日銀が独占し、それが彼らのパワーの源泉のひとつでもあった。その時の公聴会の情報は衝撃的で、日本の関係者はどうしようと当惑している感じだった。

公聴会では冒頭、委員長のジェームズ・リーチ議員が「強靭な金融仲介システムが成長に欠かせない前提条件だ。国際化が進むなか、一国の弱さはほかの国に波及しかねない」と指摘。兵庫銀行の破綻などにもふれ、時間稼ぎは許されないと日本の改革への強い期待を表明した。

銀行の在り方について不良債権の開示などで透明性を高めることを求めた。また銀行経営についても大きければいいのではなく、強い資本と頑強な融資ポートフォリオが求められていると言及。日本政府は銀行モデルと規制のモデルについてもっと注意する義務があると注文を付けた。「金融システムを根本的に変えろ」という米国からの強いメッセージだった。

リーチ氏は米議会の銀行政策に関する有力者。その後、グラム・リーチ・ブライリー法と呼ばれる金融サービス近代化法で、１９３３年制定の銀行業と投資銀行業の兼業を禁じたグラス・スティーガル法を無効化したことで歴史に名を残した。

公聴会での委員長の冒頭発言は簡略で総花的であることが多いが、この日は30分近くに及び、内容も詳細で、日本の政策に注文を付ける異例の内容だった。あわてた日銀のワシントン事務所は公聴会の出席者全員のスピーチ・ドラフトを入手し、その日のうちに１００ページ近い報告として東京の本店に送っていたのだ。

このあと日本は米国の目を気にして、その意向を探りながら、金融改革を進めることになる。従来、金融制度を議論していたのは高名な法律学者などで構成する金融制度調査会だったが、新しい動きには敏感とは言えなかった。金融関連の審議会などで重用される法律学者は議論を法律に置き直すプロで、それは重要な仕事だが、実際の金融の動きをとらえて制度を考え出すことに長けているわけではない。

その金融制度調査会は1995年12月22日に、市場規律に基づく新しい金融システムの構築を目標とする「金融システム安定化のための諸施策」をまとめている。内容は、市場規律と自己責任を基本とした透明性の高いシステムを構築する必要があるとしながらも、5年間は預金者保護、信用秩序維持に最大限の努力を払うと指摘。情報開示についても地域銀行や中小金融機関にふれているだけで、先送り色が強く、改革の熱意が全く伝わってこなかった。

案の定、問題を起こしながらも抜本改革を避けようとする姿勢には米国などから懸念が伝えられた。それを受け政府は、本格的な改革に着手する姿勢を示さざるを得なくなった。米国からの圧力を背景に政治主導で金融システム改革が動き出したのだ。

1996年春には、与党3党が金融改革の方針を検討するプロジェクトチームを発足させ、大蔵省も4月に事務次官を座長とし、各局局長など幹部を網羅する形で、新しい金融行政の在り方を検討するためのプロジェクトチームを設けた。

それと並行して内閣府の経済審議会行動計画委員会に金融ワーキンググループを設けて、具体的な改革策を検討させた。ワーキンググループは10月には「わが国金融システムの活性化のために」と題する改革提言をまとめ、そのなかで業務分野規制の撤廃の1項目として銀行による投資信託の窓口販売を盛り込んだ。

この改革提言では「わが国金融産業の不幸は、バブルに酔いしれ、宴の後始末に追われて、最近10年間の劇的な変化の時代を結果的に無為に過ごしたことである」などと従来の姿勢を激しく批判。そのうえで多岐にわたる規制緩和を求めている。

しかし規制には規制してきた理由があり、それを緩和すればゆがみが出る恐れがある。規制緩和は進める必要があるが、緩和したときに起きることを想定しながら進めないとうまくいかない。ところが、提言は規制緩和の数が多ければ多いほどいいといった、橋本内閣の改革路線に見事に迎合する内容だった。

改革議論が進むなかで、米国から要人が時折日本を訪れている。1996年11月にはFRBのグリーンスパン議長が来日している。世の中の関心事はマーケット関係者から神格化されていた議長の金融政策運営姿勢や世界経済に対する考え方だったが、来日中の講演では銀行がすべてのリスクを背負い込むシステムの変革を求めている。古い金融制度を改めろというメッセージが伝えられた。

グリーンスパン氏の場合、中央銀行マンで紳士的だったが、1997年2月に来日したサマーズ財務副長官は傲慢だった。記者会見などでも間違った日本の金融システムを正してやるという姿勢がにじみだし、一部では戦後日本の統治に訪れたマッカーサー元帥に例えられたほどだった。

サマーズ氏が求めたのは、競争のための機会の拡大、開示と透明性の向上、強靭な金融システムの構築だった。強い資本市場を整備すればリスクはより幅広く負担されることになり、金融の自由化と金融の安定は両立するとの考えを強調し、5年間は預金者保護、信用秩序維持を強調したいとする保守的な考え方を強く牽制した。


彼らの真の来日目的は日本の金融改革の監視であり、フリー、フェア、グローバルはまさに監視役である米国からの要請でもあったのだ。

橋本氏は当初「本格的な金融自由化時代にふさわしい自己責任原則と市場規律に立脚した透明性の高い金融システムを早急に構築する必要がある」としていたが、米国の改革要求が強まるなかで改革の対象は広がっていった。ビッグバンの名のもとの幅広い改革は、米国の改革要求が広範に及んだ結果でもあった。

1996年12月2日の衆院本会議で橋本龍太郎首相は「私が金融システム改革を打ち出したのは、現在の我が国の金融情勢それだけの問題ではない。欧州においてユーロが誕生しようとしている。

円がローカルカレンシーにならないためには、大変な努力をしなければならない。国民の資産の有利な運用を図るために、また次代を担う成長産業への資金供給を考えても、法制度まで含め総合的な改革を果断に進めたい」と、米国などからの圧力で広げられた改革の意義を強調していた。

証取審が狙った個人金融資産

米国の目を意識しながらの改革案作りは、米国型の金融システムをモデルにせざるを得なかった。改革案作りの一翼を担った証取審の議論は、直接金融を中心とした市場づくりを強く意識したものになった。少し長くなるが次のような記述がある。

「個人金融資産は1200兆円にも上り、金融・資本市場に期待される役割は、資産の効率的な運用へと大きく傾斜しつつある。また、経済の成熟化に従い、資金調達の面でも積極的なリスク負担を伴う様々な新規産業への資金供給が重要な課題となりつつある。さらに、我が国の巨額な金融資産の蓄積を背景に、グローバルな観点からの効率的な資金配分についても、我が国市場が一層大きな役割を果たすことが期待されている。

こうした役割は、銀行の預貸を中心とした我が国の伝統的な間接金融システムでは十分に果たすことができない。新たな時代における資金仲介ニーズを満たしうるのはリスク負担とリスク分散の機能に優れた証券市場であると考えられる。だが、現在の我が国の証券市場の姿はそうした期待と乖離したものとなっている。即ち、個人金融資産は依然として圧倒的に預貯金が中心で有価証券保有の割合は低く、企業の資金調達でも借入れが引き続き大きなウェートを占めている。また、我が国市場での海外の投資家・企業等の参加も限られたものとなっている」

銀行中心のシステムを、米国のような証券中心のシステムに変えるべきだとの雰囲気が醸成された。この時点までのバブル崩壊を受けた金融システムの総括は、銀行が多くのリスクを引き受けすぎていたというものだった。リスクが顕在化したときに銀行が倒れては、国の金融システムが持たない。そこで証券を使ってリスクを投資家に転嫁する仕組み作りが欠かせないと考えられた。バブル崩壊で打撃を被り、不良債権の全容を明かそうとしてこなかった銀行は沈黙するしかなかった。

ビッグバンの青写真は証取審の議論がベースとなった。金融制度調査会や証取審はバブル期の金融を支えて来たいわば戦犯だった。しかし、米国のように優秀な金融学者が数多くいるわけではなく、既存の証券取引審議会、企業会計審議会、金融制度調査会、保険審議会、外国為替等審議会の答申が取りまとめられていった。米国の監視のもとで、各審議会が反省文を提出させられているような奇妙な光景のなか、ビッグバンの内容が固まっていった。

全体像は1997年6月13日に金融制度調査会が金融改革案として、首相に答申した。フリー、フェア、グローバルの掛け声のもと、内容は多岐に及んだ。投資家の選択肢を拡大するとして、投信の商品の多様化、証券デリバティブズの全面解禁、外国為替法の改正が盛り込まれた。金融仲介サービスの質の向上策として、持ち株会社制度の活用や株式売買委託手数料の自由化、証券会社の免許制から登録制への移行などが打ち出された。多くの項目が盛り込まれたが、とりわけ重要だったのは株式売買委託手数料の自由化と、投信の銀行窓販の解禁だった。

改革の柱は株式売買委託手数料の自由化にせざるを得なかった。英国のビッグバンでも手数料の自由化が取引の活性化につながっており、同じビッグバンの看板を掲げる以上、外せない項目だった。

「宣伝的」な株式売買委託手数料自由化

金融改革が必要な背景にはバブルの崩壊による銀行の信用失墜があったが、証券会社の信用も大きく揺らいでいた。証券会社に勧められた株式を購入した投資家が大きな損失を被っていたからだ。また90年代初めに証券会社トップと反社会的勢力との交友や、一部投資家だけへの損失補塡などの不祥事がおき、普通の人にとって証券会社は寄り付きにくい場所になっていた。

証券の信用回復の切り札は、株式売買委託手数料の自由化だった。証券会社がバブル期に膨大な利益をあげた原動力は、固定されていた売買手数料だった。株価が上がっていれば多少高い手数料でも受け入れられるが、株価が下がると手数料の高さが目に付くようになった。投資家が株式投資で損失を被っているのに、証券会社は高い利益をむさぼっているとの批判がくすぶり始めた。

投資家を株式投資に振り向かせるには、証券会社が変わったことを示す必要があった。それは最大の収益源である売買手数料を自由化し、投資家のために手数料水準を下げることだった。

ビッグバンの検討に当たって中心的な役割を果たした学者の一人である蝋山昌一氏は1997年

2月21日の衆院予算委員会で「ビッグバンは目に見える形でしっかりとした成果を国民の生活のなかにも浸透させるということが必要だ。証券会社の株式売買委託手数料は株式の売買、投資をされる方は必ず払わなければならないので、そういう点を明確に自由化するのは、宣伝的な面もあるかもしれないが、そうした明確な生活に関連したサービスの改善、料金の決め方の改善といったものを示さなければならない」と述べている。まさに「宣伝的」な政策だったのだ。

大きな利益を失うことになる証券界だが、大手証券の不祥事が相次いでいたこともあって、受け入れざるを得なかった。

この措置は、インターネットを利用する新しい証券会社の参入と相まって、劇的な効果があった。自由化を受けて新しい証券会社が相次ぎ参入してきた。

1998年に松井証券がネット取引を開始、99年にはマネックス証券、日本オンライン証券（現カブドットコム証券）が創業するとともに、イー・トレード証券（現SBI証券）がネット取引を始めた。彼らは大手証券のようなリテール網を必要としないため、業務運営のコストは大手に比べ大幅に低く、その分、株式売買委託手数料を大きく引き下げ新規顧客の獲得に力を入れた。

売買委託手数料の水準は当初数分の一程度といわれたが、やがて10分の1、数十分の1といった水準に下がっていく。80年代まで株式売買を牛耳っていた大手証券は、主要収益源だった株式売買委託手数料収入が急減した。

株式市場は様変わりする。ネットでは株式売買委託手数料は大幅に安くなったため、個人投資家から見ると取引に参入しやすくなった。若者を中心にインターネットで一日中株式取引をするネット・トレーダーまで出現した。

投信窓販解禁　銀行が「投資」の担い手に――ワンストップ・バンキングの実現

貯蓄から投資に関するビッグバンのもうひとつの柱は、銀行による投資信託の解禁だった。投資信託自体は古くから証券会社で売られてきた金融商品だ。投資信託委託会社が組成し、証券会社が店頭で売っていた。

証券会社にとっては個人の貯蓄需要にこたえる代表的商品のはずだったが、実際にはそうはなっていない。証券会社のバブル期までの収益源は売買委託手数料で、株式を顧客にどれだけ売買してもらうかで、証券マン、支店、さらには会社全体の利益が左右された。

投信を販売すれば、それなりの手数料は稼げる。しかし本来は長期投資に向いた商品であり、いったん販売すると、そこで資金が固定されてしまう。証券会社にとっては売ったり買ったりしてくれる商品の方が好都合で、証券マンは投信販売に注力しなかった。

各社は品ぞろえの一環で投信を扱っていたが、それを本格的な貯蓄の中核商品に育てる気もなかった。証券会社が引き受けた株や債券のうち売れ残ったものを、系列の投資信託委託会社が組成する投信に組み入れさせるような行為も見られた。

日本がビッグバンを実施するに当たって、目を付けたのがその投資信託だった。直接金融の強化を促すモデルである米国では、個人向けの中核商品となっており、同じような変化を期待したのだ。ただ証券会社は反社会的勢力との交友などで信用が揺らいでいた。株式売買最優先の体質を引きずったままでは、個人向けの金融商品には育たない。そこで、商品拡大に向けた打開策として銀行での窓口販売が解禁されることになる。

銀行は顧客からの信用は、証券会社より高かった。そもそも富裕層の預金を受け入れており、運用の需要をつかみやすい立場にあった。不良債権問題の教訓から、自ら資金を抱え込んでリスクを取る経営からの脱却を求められており、手数料を稼げる投信の窓販はそうした経営変革の格好の手段となった。

これは画期的な出来事だった。銀行にとって「投資」の促進はそれまでは、取引の銀行から証券への流出を意味した。銀行と証券が互いに競い合ってきた歴史があるため、それは円滑には進まなかった。ところが投信の銀行窓販解禁で、銀行は自らの影響力の範囲内で「貯蓄から投資」が進められることになった。

銀行での窓販なら顧客リストが証券会社に流出するリスクは少ない。商品を系列の会社が組成したものにすれば、信託手数料も取り込める。銀行にとっては、その総合力を生かしやすいスキームだった。

東京三菱銀行の岸暁頭取は1998年4月17日の衆院大蔵委員会で次のように述べている。「金融機関の利用者には、一つの金融機関に行けば金融に関する用事をすべて満たすことができるワンストップ・バンキングに対するニーズが非常に強い。金融システム改革法案が成立すると、銀行の窓口で投資信託という形で証券運用商品を購入していただけるなど、預金以外の商品を選んでいただくことができるようになり、利用者の要望にかなりの程度こたえられる。

もちろん、銀行の窓口で元本保証のない預金以外の商品を販売することに関しては、利用者保護の観点からさまざまな指摘がある。しかし、銀行は既に外貨預金や商品ファンドなど元本割れの可能性がある商品を取り扱っており、そうした商品を提供する際には顧客が誤解しないよう説明するなどの経験を積んでいるので、利用者保護に関しては必要な対応を講じることができると考えている」

「貯蓄から投資」の有力な担い手に銀行が登場した。貯蓄を預かる銀行が投資を促し始め、投資の加速が期待された。それは銀行が本格的に元本割れ商品をも扱う時代の到来を意味していた。

3　ペイオフ解禁——預金から資金を追い出す自己責任の時代

揺れる護送船団方式——増え始めた金融機関の実質破綻

「貯蓄から投資」を進める表向きの看板が日本版ビッグバンだとすれば、裏から後押しする仕組みが、元本1000万円とその利子までを保護する「ペイオフ」の解禁だった。預金のうち1000

万円を超える部分を保護から外しリスクを高めることで、株式などに流出しやすくなるためだ。預金の安全装置を外して、家計資金の預金からの追い出しを図ろうとしたのだ。

預金を保護する預金保険制度は1971年に設けられた。都市銀行が家計から預金を集め、それを企業に貸すことで高い経済成長を支えていた時代で、家計資金を安定的に預金に集める必要があった。預金について100万円までの保険金が支払われることになった。この支払額は86年には1000万円までに拡大された。

制度はもともと払い出しの上限を定めるもので、それを超えた分について払い出しは保証されない。銀行が破綻したあと債権債務を相殺し、仮に資産が残っていれば、それを債権者に返還する。制度的には、部分的とはいえ、毀損があり得ることを前提にしていた。

しかし預金を集めるために設けた制度でもあり、実質的に上限を超える部分の毀損は許されなかった。人々が毀損すると思えば、預金から資金が流出しかねないからだ。そこで政府は全額払い戻しを保証しない制度を維持しながらも、監督で金融機関を保護して実質的に預金が全額保護されているのと同じ経済環境を作り出した。

これが護送船団方式と呼ばれる銀行監督の根幹で、預金取扱金融機関については最も弱いところまで保護する体制を築いた。政府が監督と検査を通じて銀行などの行動を指導し経営の悪化を防ごうとした。指導はこまごまとしたところにまで及び、「はしの上げ下ろしまで指示する」といわれた。

そうして築かれた金融システムにおいては、事実上、預金は全額保護されているという認識が定着した。１９８０年代の終わりに大蔵省の銀行局長経験者は「決済を支える銀行が安全で信用されるシステムは、国の経済を支える根幹だ。銀行がつぶれるような経済は望ましい姿ではない」と強調していた。

ところが銀行の安定を支えて来た護送船団方式にほころびが生じ始める。金融の自由化が進むなかで金融機関の経営が揺らぎ始めたためだ。具体的には、大阪府や群馬県で信用組合が実質破綻する例が相次いだ。

私は１９８０年代半ばに群馬県の前橋支局に勤務していたのだが、87年に大間々町の群馬県庶民信用組合の経営が行き詰まった。放漫経営が原因だったが、ペイオフなどにつながらないように、群馬県や県内と全国の業界団体などが合計１３０億円の協調融資をしている。護送船団方式とはいえ、信用組合になると監督当局は県の商工労働部で、県庁プロパーのまじめな人が担当していたが、金融の素人でしかなかった。システムは末端から揺らぎ始めていたのだ。

その時、同信組への対応を裏から指揮していたのは、日銀の前橋支店長を務めていた本間忠世氏だった。関係者に奉加帳をまわすような不良債権対応の原型は、この時に出来上がっていた。その後、本店に戻り信用機構局長、理事を歴任、不良債権問題と最前線で戦った日銀マンだった。

信用機構局長時代に「こういう仕事をずっとやるとは思っていなかった」と漏らしていたのが印象的だった。その後、国有化された日本債券信用銀行の頭取に就任したが、あいさつ回りで訪れた大阪で亡くなられた。

あちこちで弱い金融機関の経営が行き詰まるシステムの揺らぎに対応して、政府は預金保険法を改正し、預金保険機構が破綻銀行などを救済合併する際に資金援助できるようにした。1991年にはこれを活用して東邦相互銀行が伊予銀行に救済合併されている。このころまでは預金を事実上、全額保護する仕組みへの疑念は提起されていない。

まず自助努力、次に合併、最後の手段としてのペイオフ

バブル崩壊の影響が広がり、銀行の健全性への疑念が強まるにつれて、ペイオフがひとつの選択肢として意識され始めた。ペイオフを実施すると言えばシステムは混乱するため、すぐには実施しないが将来実施する可能性を残し、国民の意識を変えていくしかないというのが当局の考えだった。

1992年12月10日に日銀の三重野康総裁は参院の予算委員会で「金融機関はまず第一は自助努力。その次に、合併ないし合併類似の方策を大蔵省、日銀も一緒に相談に乗ってやる。預金保険機構によるペイオフ、一千万円以下の預金者に対して支払いをする、そういうものは最後の手段で、そういう三段構えで対処すれば対処できる」と述べている。

その後、バブル崩壊の影響で経営が行き詰まる信用組合がさらに増え始めた。また住宅金融専門会社（住専）が実質経営破綻し、問題処理のため預金保険機構が出資して住宅金融債権管理機構を創設することになった。そのため、預金保険のコストが膨らむことが懸念された。

破綻への対応に関して、バブルに踊った経営者の責任をあいまいにしたまま、預金保険などのスキームを使って救済することへの批判が強まった。実際、破綻した信用組合のオーナーが、海外でホテル投資を手掛けていたり、女性アナウンサーを愛人にしたりするなど、バブルは崩壊しても、倫理規律は崩れたままだった。

金融の世界では自己責任原則を働かせるべきだとの議論も強まった。金融機関に情報開示を促し、それを前提に預金者にも自己責任を問うべきだとの議論だ。銀行は預金者に監視されるため、バブル期のような無責任な経営は市場でチェックされるとされたのだ。

1995年2月8日に開いた衆院予算委員会で野村総合研究所理事長の鈴木淑夫氏は、次のように述べている。

「東京共同銀行設立による東京協和、安全の両信用組合対策は、信用秩序維持のためにやむを得なかった。もし倒産を放置し、いわゆるペイオフをすると決済システムに大混乱が起きたかもしれない。

しかし、あの措置は課題も残した。大口預金者は小口の一般大衆よりもその金融機関の経営内容を知り得る立場にある。今後、金融機関の経営内容のディスクロージャーをもっと強化することにより、大口預金者に対してはペイオフもあり得るということを徐々に浸透させて、そのことによってモラルハザードを防ぐ工夫が必要ではないか」

金融をめぐる不祥事が相次ぐなかで、バブルに踊った経営者と、それに乗じて高い利子収入を獲得しようとした預金者の責任を不問にし続けられない空気が、醸成されていった。

そうした流れのなかで政府は1996年に、2000年度までの時限措置として、預金の全額保護のため受け皿金融機関に対しペイオフコストを超える資金援助を可能とする措置を決めた。信用組合の破綻などに対処するため、5年間はペイオフを封印せざるを得ないものの、その後はペイオフを解禁することにしたのだ。


このペイオフの解禁は、橋本政権が実施した金融ビッグバンに盛り込まれた銀行の投信窓販の解禁と組み合わせると、「貯蓄から投資」を促す劇薬になりうる。

家計資産の半分以上を占める預貯金の有力な受け皿のひとつとなっていたのは銀行預金だが、その安全性を支えているのが事実上の預金の全額保護政策だった。ペイオフが解禁されれば1000万円を超える部分に関しては預金保険機構による保護が外れるため、安全資産ではなくリスク資産になるからだ。

一方で、ビッグバンで販売できるようになった投資信託は、銀行による新たな資金の受け皿になる。ペイオフ解禁であぶりだされた資金を、証券会社に取られるのではなく、自行で販売する投信に誘導できるようになった。しかも投資信託を販売すれば販売手数料が入り、口座維持手数料を取ることが難しい預金に比べて、銀行の収益性の改善にも役立つ。「貯蓄から投資」への具体的な道筋が制度的には示された。

4　郵貯の民営化――国営貯蓄機関に終止符

民にできることは民に――国鉄、電電公社の次のターゲットに

「貯蓄から投資」を進めるためには、銀行と並ぶ貯蓄の担い手だった郵便貯金の改革が欠かせなかった。郵便貯金は、2007年に郵政民営化の一環として株式会社化された。貯金を扱う「ゆうちょ銀行」は2015年に政府保有株の一部が市場に売却され、民営化される。形式上は、政府が保証する郵便貯金の仕組みはなくなった。

郵便貯金は貯蓄の代表的な金融商品であり、銀行の預金と激しい競争を繰り広げてきた。国が関与する郵貯をどう扱うべきかをめぐっては、1980年代から政治課題でもあった。

規制金利の時代には、民間銀行の預金金利は金利調整審議会、郵便貯金の金利は郵政審議会が、それぞれ答申を出し、各当局が決めていた。金利改定の時期を遅らせて有利に資金を集めることを防ぐため、この預金と貯金の金利の一元化が議論され、自民党が銀行を支持する大蔵族と郵便局を支持する郵政族に分かれ、激しい攻防を繰り広げた。

大蔵族と、郵政族はさまざまな場で衝突したが、2万を超える郵便局に支えられる郵政族の力は強かった。郵便局長には地元名士も多く、当時、全国特定郵便局長会や、そのOBなどで組織する大樹全国会議は強い集票力を誇っていた。自民党などの政治家は選挙時にはずいぶんそのシステム

にお世話になっていた。

また少額貯蓄を税制優遇するマル優をめぐっても民間銀と郵政は衝突する。財政を立て直すためマル優の廃止が検討されたが、郵政族には郵貯のマル優は守るべきだとの意見が強く政治課題となった。財政再建のためマル優は高齢者対象のものを除いて廃止されたが、見返りの形で郵貯の預入限度額が引き上げられた。この背景には、同じ貯蓄をめぐって、銀行の預金に関しては大蔵省が、郵便局の貯金については郵政省が、別々に監督していた事情がある。省益が色濃く絡んでいた。

銀行と郵貯の対立の構図のなかから、郵政の民営化論が浮上する。きっかけは、小泉純一郎氏が宮沢喜一内閣で郵政相に就任したことだった。小泉氏は1972年の初当選以降、大蔵行政を議論する大蔵委員会に所属し、79年には大蔵政務次官となった。郵政族からは反郵政の急先鋒と見られていた同氏が、郵政を所管する大臣に就任したのだ。

1993年1月20日の衆院の逓信委員会で小泉郵政相は「郵貯のみならず郵政事業、もしこれから民営化の可能性があるならばそれも検討していけばいいじゃないかという意見を私は持っている。郵便貯金事業というものも、果たしてこのままでいいのかと疑問を持つ点も多いので、行財政改革の一環として郵貯問題、そして財政投融資問題をこれから議論して、見直ししていかなきゃならないと思っている」と言い放った。

英国でサッチャー首相が小さな政府の考えを強調し、政府事業の民営化を進めた。日本でも80年代に中曽根康弘首相は行財政改革を断行し、国鉄の民営化に踏み切った。「民にできることは民にやってもらい、活力を高める」――当時、世界で勢いを増しつつあった新自由主義の思想が、小泉氏によって、貯蓄の分野でも重要課題となっていった。

追い込まれ郵貯民営化を主張し始めた銀行界

1990年代半ばに小泉氏が唱えていた郵政民営化論に、援軍が加わる。銀行界が郵政の民営化に加担し始めたのだ。

当時、銀行悪者論が強まりつつあった。バブル経済のなかで利益を過度に追求し不動産融資に走り、バブル崩壊とともに経営が悪化したためだ。経営立て直しが最重要課題だったが、悪化の理由を自らがバブルにおぼれたことにはしにくかった。

そこで目を向けたのが、公的金融機関だった。入口の郵便貯金、出口の日本開発銀行など政府系金融機関が、幅広い金融業務を手掛けていた。バブル期には大手銀行が高い利益をあげており気にする必要はなかったが、バブル崩壊後に経営が悪化した銀行には競争相手であり、国の信用を背景に金利体系をゆがめる邪魔者として映った。

そこで全国銀行協会連合会は内部で1965年度から92年度までの公的金融機関が果たしてきた役割を分析し、そのうえで戦後復興期には民間の対応能力が低く一定の役割を果たしたものの、その後、民間金融機関が発達し、規模の縮小が必要だったが、政策関与を広げたと指摘。さらに80年代以降は住宅金融公庫などが景気対策に活用され、規模増大に歯止めがかかっていないと結論付けた。

それを受け1996年4月に全国銀行協会連合会が、「公的金融システムの改革に向けて」と題する報告書を発表した。政府系金融機関については民間が手掛けることができる業務は民間に任せ、民間に任せられない部門についても信用補完などを利用し、公的金融システムによる直接融資は避けるよう求めている。

政府系金融機関は大蔵省が管理する財投システムの出口に当たるもので、しかも、そこには多数の大蔵省OBが天下っている。大蔵省は銀行監督官庁でもあったので、物申すのはとてもできないという時代が続いたが、全銀協幹事行の中堅幹部は「バブル崩壊後、窮地に立たされ、タブーに挑戦せざるをえなくなった」と打ち明けていた。

報告のなかで郵便貯金の在り方についても注文を付けている。実際、郵貯はバブル末期以降、預入限度額の引き上げ、外貨両替業務の実施、国際ボランティア貯金創設、国家公務員給振の実施、口座振替による国税の収納・還付、要介護者等生活応援サービス、国内ボランティア口座の創設と、次々と新規のサービスを打ち出していた。

また預貯金に占める郵貯のシェア（93年度末）を見ると鹿児島、熊本、長崎、山口、福岡の各県で40%を超えていた。銀行と競合が激しい東京でもそのシェアは25・2%にも上っており、巨大金融機関の存在感を見せ付けていた。

そこで報告書は、基本方針としては民間活力を重視し、郵貯は民間の必要最低限の補完に徹するべきだと強調。具体策としては少額貯蓄手段の提供という本来の目的に沿って、預入限度額の大幅引き下げ、都市部での規模縮小・撤退、外貨両替業務や貸出業務などの見直しをあげ、さらにより抜本的な民営化の検討も始めるべきだとした。

銀行にとって郵貯が国営のまま貸出業務に本格参入することは何としても阻止しなければならなかった。また民営化されてフルに貸出業務に出られても困る。そこで条件付きで民営化し、民間との競合も最小限に抑える方策を探り始めたのだ。

小泉氏が郵貯民営化を掲げ始めたころ、議論は理念論が中心だった。民営化には金融の詳しい知識が欠かせないが、銀行界の参戦によって民営化が理念論から具体的な政策テーマになっていった。

小泉純一郎氏の執念――変人の暴論から主要政策に

郵貯民営化をめぐっては、自民党内に強い反対論があった。小泉郵政相の登場はショックではあったが、すぐに実現に向け進んだわけではない。小泉氏はその後、郵政相を離れ、１９９６年にビッグバンを進めた橋本龍太郎内閣では厚労相として入閣した。担当外にもかかわらず郵政民営化を訴え続けたが、既得権益の岩盤は固く、一匹狼的なところもあった小泉氏の郵政民営化論に支持は集まらなかった。

橋本内閣自体は広範な改革を志向しており、郵貯に関しても行政改革会議で民営化準備の方向を打ち出そうとした。しかし、郵政族が激しく抵抗し、結局、郵貯に関しては国営維持が確認された。

状況が変わったのは２００１年だ。自民党の総裁選挙で異端視されていた小泉氏が本命の橋本氏を破り、首相に就任した。聖域なき構造改革を掲げ、改革の本丸に郵政民営化を据えた。郵政民営化は、変人の暴論から日本経済の改革の本丸に躍り出たのだ。それは国の信用でお金を集める貯蓄システムの大変革を意味した。

改革は一筋縄ではいかなかった。郵政民営化をめぐっては自民党内でも亀井静香氏などが激しい反対論を唱え、２００５年８月に政府が提出した郵政民営化関連法案が参議院で反対多数で否決された。それに対し小泉首相は郵政民営化を問うためとの名目で衆院の解散を強行した。

９月に実施された衆院選挙では小泉首相が、郵政民営化に反対する議員の立候補する選挙区に対立候補を送り込む激しい戦いとなった。自民党を離党し国民新党を結成した亀井氏の広島６区ではライブドア社長の堀江貴文氏（のちに証券取引法違反で逮捕、有罪確定）が無所属で立候補し、当時の自民党幹事長や竹中平蔵経済財政政策担当相が応援演説に駆け付けている。結局、この選挙では自民党が大勝し、その年の10月に郵政民営化関連法案を成立させた。

日本郵政公社は２００７年９月末に解散し、業務は持ち株会社の日本郵政と、その傘下の郵便局会社、郵便事業会社、ゆうちょ銀行、かんぽ生命保険の４社に引き継がれた。ゆうちょ銀行とかんぽ生命保険は、将来の完全民営化を目指すとされた。国が関与して貯蓄を促してきた郵便貯金から、国の関与が外れる道筋が付けられた。

5　貯蓄から投資の基本法——金融商品取引法

ビッグバンの後始末——FX不祥事が後押しした法整備

橋本政権下で実施された日本版ビッグバンは、幅広い金融証券分野での規制緩和だった。銀行や証券会社の業務の自由度は広がり、新しい金融商品が投資家向けに販売された。ただ金融制度の観点からは、自由化のもとでのあふれる新しい金融商品のルールをどう作るべきかという大きな課題を抱えたままだった。

ビッグバンの先兵として外為取引が銀行以外にも開放された。自由化でまず盛んになったのは、外為証拠金取引（ＦＸ取引）だった。１９９８年にダイワフューチャーズ（現ひまわり証券）が個人を対象にＦＸ取引を始めたのに続き、さまざまな業者が参入した。

ＦＸ取引では、銀行法や証取法のような業法もないなかで、１００倍といった高いレバレッジをかけた高リスク高リターン取引が横行した。小さな元手で大きな利益を狙う投機性の高い取引を手掛けたい投資家に人気となった。それに便乗して業者は顧客から極めて高い手数料を取ったり、顧客が高リスク取引に誘い込まれ多額の損失を被ったりするなど問題が頻発し、無法地帯の様相となった。

これに対し金融庁は２００５年に金融先物取引法を改正し、ＦＸ業を同法で規定し、登録制とした。同庁は同年中に金融先物取引法に基づきウェストミンスターはじめ50社を超えるFX業者に業務停止や業務改善の処分をした。毎週のように処分を発表する金融庁は「金融処分庁」などといわれたが、実際にはビッグバンで規制緩和したものの、それに法体系が追い付いていない実態をさらけ出した。

もともと日本版ビッグバンのモデルにした英国は、横断的で機能的なルールで構成する金融サービス法を導入していた。銀行や証券会社といった行為の担い手ではなく、どういう行為が実施されるかに着目して、規制していた。自由化時代の金融規制に切り替えていたのだ。

日本は業務の自由化に舵を切ったものの、法律は証取法など担い手の規制が中心のいびつな状況だった。直すとなると広範な制度改革が必要になるため議論は進んでいなかったが、FXをめぐる不祥事が頻発し、金融庁は重い腰をあげざるを得なくなった。

証取法の廃止――証券文化の改革

ビッグバンを受けて新しい商品が登場するなかで、新しい体制に応じた法体系を作ることになった。間接金融から直接金融への移行が叫ばれていたこともあって、利用者保護の徹底、透明性の向上による市場の信頼回復、国際的な市場づくりの3点が目的として掲げられた。「貯蓄から投資」の法的な枠組みが整備されることになる。

それまで市場規制は最も影響力が大きい証券会社を規制する証券取引法が柱となっていたが、多くの問題を抱えていた。証取法そのものに関しては証券会社が扱える業務を限定列挙し、しかもその対象がかなり狭かった。そのため、次々に新しい金融商品が登場する国際的な流れに対応することが難しくなっていた。

ビッグバンを受けて、投資信託の銀行窓販が解禁されるなど、投資信託が有力商品になると見られていた。しかし投信に関しては投資信託委託業、証券投資顧問業などで規制され、規制体系がばらばらだった。また米国でファンドが急発展していたが、日本では規制上の位置付けがあいまいだった。

デリバティブズの普及で、金融証券商品が高度化するなかで、規制は証券投資に詳しい人も詳しくない人も一律だった。証券業の振興と、投資家保護の両方に目配りする規制体系からはかけ離れていた。

ビッグバンを受けて政府が「貯蓄から投資」を打ち出しているのに、法体系が古いままでは本格的に推進できない。そこで戦後の証券関連の法規制を抜本改革することになった。金融商品取引法は「貯蓄から投資」の基本法と位置付けられたのだ。

小泉純一郎首相は２００６年に、この法律の理念について「幅広い金融商品について横断的な利用者保護の枠組みを整備することにより、金融資本市場の公正性、透明性を確保することを通じ、利用者利便を向上させ、貯蓄から投資への流れを支え、国際市場としての我が国市場の魅力をさらに高めるもの」と強調している。橋本首相が唱えていた「フリー」「フェア」「グローバル」が法律に組み込まれ、金融構造改革の枠組みが固まった。

金融商品取引法についてはさまざまな解説書が出ているので、詳細はそちらに譲るが、概略は次のような内容になった。

まず、業態ごとにばらばらだった業法を金融商品取引法に集約する形で整理した。戦後、金融法制は、銀行は銀行法で、証券会社は証券取引法でというように細かく分かれていた。銀行を規制する銀行法はそのまま堅持されたが、投資信託委託、投資顧問など証券や投資に関する業務を規制する法制は新しい法制に一本化した。

業務については証券業、金融先物取引業、商品投資販売業、信託受益権販売業を「販売勧誘」とした。投資顧問業は「投資助言」とした。投資一任契約業務、投資信託委託業は「投資運用」と整理した。

規制対象となる有価証券の範囲には、従来の株式、債券といった伝統的なもののほかに、ファンドなどを含む「集団的投資スキーム」を加えた。

また業者については流動性の高い有価証券の販売勧誘や引き受け、店頭デリバティブズなどを扱う業者を「第一種金融商品取引業」とした。また流動性の低い有価証券販売や市場デリバティブズ取引を扱う業者を「第二種金融商品取引業」と定義。投資助言や投資顧問契約などは、投資助言・代理業のくくりにした。

規制に関しては、金融投資に詳しいプロと一般のアマチュア投資家を区別した。アマチュアについては保護を強化する一方、プロについてはアマ向けのこまごまとした手続きを省けるようにし、金融取引の円滑化にも配慮している。

法律は利用者保護の徹底、透明性の向上による市場の信頼回復、国際的な市場づくりなどが目的とされた。

利用者保護の面では、書面によるクーリングオフ（契約解除）制度が盛り込まれた。物販では一定期間内にクーリングオフができるが、同様の制度が金融取引にも適用された。

金融界ではいわゆる飛び込み営業が横行してきたが、一部商品に勧誘を招請していない顧客に対し訪問や電話で勧誘する「不招請勧誘」の禁止規定が盛り込まれた。

透明性の向上に関連しては、業績報告の開示に関連し四半期開示を法律で定めている。

さらにそうした規制の実効性をあげるため、罰則が強化された。不公正取引、風説の流布・偽計、相場操縦や、重要事項に虚偽記載のある有価証券届出書などの提出に関しては懲役5年以下、罰金5億円以下（法人の場合）から、懲役10年以下、罰金7億円以下（同）に改めた。またインサイダー取引、有価証券届出書の不提出については懲役3年以下、罰金3億円以下（法人の場合）から、懲役5年以下、罰金5億円以下（同）に強化した。

罰金について金融庁の関係者は、不正の抑止効果があると主張していた。しかしほかの法律の罰金との整合性の問題があり罰金の引き上げ幅は小さく、国際的な不正に対する厳罰化の流れからは程遠かった。

とはいえさまざまな業務を1つの法律に体系付け、規制することで、戦後、継ぎ足し継ぎ足しで形作られてきた規制体系は、新しい時代に対応したものに変わった。

金融庁で総務企画局長として法案の取りまとめに当たってきた三国谷勝範氏（のちの金融庁長官）は2006年6月7日、参院で金融商品取引法が可決、成立するのを感慨深げに眺めていた。法案を作る最中に、堀江貴文氏や村上世彰氏が投資事業組合を使って派手な株式公開買い付け（TOB）を実施しており、そうした動きをも踏まえた法律を作る作業は簡単ではなかった。

彼の部屋には、総計何百ページにも及ぶ新しい法律が積まれていた。三国谷氏はその紙の束を指さして「金融庁はこんなに働いているんですよ」と、成果を強調していた。「貯蓄から投資」は法体系の整備で、本格化するはずだった。

III

誤算

軽視された融資の役割

1 二兎を追えなかった金融の現実
――金融活性化と不良債権対応の同時進行

ジャパン・プレミアムの重荷

「貯蓄から投資」を進めようとした日本版ビッグバンには誤算があった。ビッグバンが始動する1997年に山一證券、北海道拓殖銀行が破綻している。金融活性化と不良債権問題の解決を同時に目指すことになったが、活性化の担い手がバブル崩壊の戦犯でもあった。そこに公的資金の投入がからみ、国民の冷ややかな視線のなかで二兎を追う試みは難航する。

バブルが崩壊した後、私はスイスのチューリヒ勤務となった。最大の取材ターゲットは、チューリヒからスイス国鉄で1時間ほどのバーゼルにある国際決済銀行（BIS）だった。

毎月第2月曜日にG10の中央銀行総裁がBIS本部に集い、意見交換する国際金融の奥の院だ。またBISの建物には銀行監督当局で構成するバーゼル委員会が入居している。バーゼル委は1988年に国際展開する銀行に8％以上の自己資本を積むことを求める規制を作り、92年末から導入することになっていた。

日本の銀行はこのバーゼル規制で株式の含み益の45％を自己資本に算入することを認められていたが、バブルの崩壊で株価が下落し、資本の脆弱性が問題になっていた。バーゼル委の議論は邦銀の生死を左右しかねないため、その動向を探るのが日課だった。

　1992年3月末に日本では日経平均株価は2万円を割って引けた。バーゼルでお世話になっていた欧州の中央銀行関係者に聞いてみると、「日本の金融システムへの認識が変わり始めた」と言う。普段と違う口調だったのでスイスの大手銀行で審査を担当している役員を取材してみると「日本の銀行向けの信用供与枠を削減した」と漏らした。さらに調べるとほかの欧州の大手銀行も同じ動きをしていることが判明し、市場ではすでにジャパン・プレミアムがついていた。

　それを受けて「市場関係者は短期資金取引でもジャパン・プレミアムがついたと注目している」との記事を送信し、4月23日の夕刊1面に「欧州銀　邦銀向け金利上げ　株下落で信用力に懸念」との見出しで掲載された。

「ジャパン・プレミアム」というのは、日本の銀行が資金調達しようとしたときに、信用力が足りないため求められる上乗せ金利である。最後の貸し手がいない国際市場での銀行取引は信用がすべてだが、その信用に疑義が突き付けられていることを意味する。オイルショック後に邦銀が付けられた屈辱的な経験があった。メンツにかけて再現させてはいけない亡霊の復活に、過去を知る当局者の顔色が変わった。

　最初、日銀幹部は記事の内容が信じられないようだった。株価が下落しているのは事実だが、多くの銀行では古くからの政策持ち合い株の簿価が低かったため、まだ含み益の状況だった。

　日銀は欧州市場で聞き取り調査をして実際にジャパン・プレミアムを確認したようだ。いくら当事者が大丈夫だと言い張っても市場で危機と認識されれば、資金調達の道が閉ざされ、経営は立ち行かなくなる。三重野康総裁を筆頭にバブルつぶしに狂奔してきた日銀だが、バブルがつぶれた結果、金融システムが危ぶまれる事態に至ったことを認識した。

その後、日経平均株価は92年夏に1万4000円台まで下がり、宮沢喜一内閣は8月末に景気浮揚対策としてそれまでで最大の10兆円規模の財政措置を決め、株価は持ち直した。放置すると金融が持たなくなるという危機感が背景にあった。

このとき宮沢首相は公的資金の投入を検討したものの、銀行などの反対もあり見送った。この先送りで、傷口が広くなったとの議論がある。公的資金を投入していれば、その後の危機は回避できたとするものだ。それは、公的資金に反対する世論や野党に責任をなすり付けようとする議論だ。

すでに日経平均株価が大幅下落してから2年が経過して、損失は金融機関に組み込まれていた。早期投入といっても、株価が暴落した後、半期以内に実施しなければ、損失が確定し、意味がない。邦銀は危ういという認識が共有され、ジャパン・プレミアムがついてしまってからでは手遅れだった。

知っていたらやらなかった——橋本首相の後悔

ビッグバンを推進した橋本龍太郎首相はのちに、「銀行の真の状況を知っていたら、ビッグバンを（あの時点では）やらなかった」と述べていた。

橋本氏は銀行の状況が万全ではないことは当然認識していた。１９９５年には兵庫銀行が破綻している。しかし、金融行政を担当する大蔵省から上がって来るのは、不良債権は40兆円で対応可能というものだった。

前述したように大和銀行がニューヨーク支店で問題を起こしたのを受けて、米国の邦銀への見方が厳しくなる。金融システム改革を求める圧力が強まり、橋本氏はビッグバンの実施を決断する。

当時、米国からの改革圧力の矢面に立たされていたのは、榊原英資氏が率いる国際金融局だった。米国の圧力を身近に感じていただけに、ビッグバンに積極的で、外為法改正が先陣を切った。米国では意向を酌んだ榊原氏の評価が高まり、財務官を務めた後、米シティグループ傘下のソロモン・スミス・バーニーの顧問委員会メンバーとして迎え入れられた。財務官退官からわずか４カ月後だったが、米国の金融機関で天下り規制には抵触しないとの解釈だった。

ビッグバンは内外からの新規参入などによる競争の促進でもあり、既存の金融業者の経営は圧迫される。橋本氏は銀行経営が厳しいとはいえ、改革を吸収できる体力は残っていると判断していたのだ。

しかし、邦銀の実態は大蔵省の報告よりも深刻だった。不動産価格が下げ止まらず、不動産担保融資の傷みが拡大した。国際市場では１９９５年に再びジャパン・プレミアムを付けられ、調達コストは大きく上昇した。そして97年に山一證券、北海道拓殖銀行などの連鎖破綻が始まる。翌年には日本長期信用銀行、日本債券信用銀行が国有化された。

ビッグバンを決断した政府は、史上最悪の金融危機の真っ最中に金融構造改革を進めることになる。規制緩和で競争を促す一方で、銀行を救うために公的資金を投入するという異様な光景が現出した。だれが考えても中途半端な政策にならざるをえなかった。

ボタンを掛け違えた証券局長人事

「後講釈かもしれないが銀行の停滞は、銀行局の人事が大きかったのかもしれない」――日本版ビッグバン、大蔵省を財務省と金融監督庁に分ける財金分離などを経たあと、ある大蔵省有力ＯＢがこんな感想を漏らしたことがある。

バブルの崩壊で金融をめぐる課題が噴出し、銀行、証券会社さらには日銀や大蔵省といった監督当局まで不祥事に巻き込まれていく。そのなかで大蔵省はバブルを引き起こした責任を追及されながらも、システムの安定を模索せざるを得なかった。

大蔵省が当初、最優先だと考えたのは、損失補塡などで揺れる証券システムの立て直しだった。竹下首相の秘書官を務め、総務審議官をしていた小川是氏を証券局長に起用した。小川氏は税務畑のエースであるとともに、銀行局が振り出しの財務官僚で銀行制度にも詳しかったが、政界とのパイプなどへの期待もあり証券の火消し役に回る。

その後、小川氏は国税庁長官を経て、１９９６年に事務次官に就任した。次官として消費税率の引き上げとともに取り組んだのは金融システム改革だった。いわゆる日本版ビッグバンの全体プランは、橋本龍太郎首相のもとで小川氏が事務方の最高責任者として97年6月ロードマップをまとめ、翌月退任している。小川氏は証券局長経験者としては初の事務次官で、ビッグバンが証取審の議論に主導され、証券改革の色彩が強かったのは小川氏の経歴と無縁ではない。

しかし本来、90年代半ばに必要だったのは銀行の立て直しだった。小川氏が92年の段階で最も政界とのパイプがあり、金融に明るいのなら、証券局長ではなく銀行局長になって、銀行改革に取り組んだ方がよかったというのが、この大蔵ＯＢの見立てだった。

実際、その後の銀行行政は蛇行する。銀行の情報開示の不透明さが批判され、住宅金融専門会社問題では農水省との不透明な対応が問題視された。銀行局長の対応は後手後手に回り、肝心の不良債権問題への対応は不十分なまま、97年に北海道拓殖銀行の破綻を迎えることになる。初動ともいえる金融人事のボタンのかけ違いは、日本の金融システムに大きな禍根を残した。

2　失われた銀行機能――消える信用できる銀行

越えた一線――銀行のゆがんだ変身

高度成長を金融面で支えたのは、預金を集めて企業に設備資金を融資していた銀行だった。「貯蓄から投資」を志向したビッグバンは、その銀行経営を大きく揺さぶった。

戦後、銀行が支店を通じて集めた預金は貸し出しの原資になった。規制金利の時代には、集めた資金を元手に貸し出せば、自動的にかなりの利益が期待できた。預金は集めれば集めるほど利益を生み出す、最重要の経営資源だったのだ。

しかし経済成長と歩調を合わせて企業の資金需要が拡大したものの、金利が自由化されるにつれ支店を通じて集める預金は手間暇がかかり効率的ではないと認識され始め、市場調達に力を入れるようになる。

バブル崩壊後は、貸し出し需要そのものが低下した。一方で、株式投資で大きな損失を被った投資家は資金を預金に振り向けた。さらに不良債権が問題になり金融システムが動揺すると、保護されている預金の安全性が注目され、預金自体は増えていった。預金は黙って座っていても集まってくるようになったのだ。支店の銀行員が顧客を回って、預金をお願いする光景はほとんど見られなくなった。

そんな銀行が預金と同じように資金を囲い込め、メリットがあると期待したのが、投資信託の販売だった。預金する顧客は資金を預け、その利息を期待しているわけで、そうした顧客需要を満たすことはできる。

しかも銀行は手数料収入が期待できた。投資信託の購入者は購入時点で販売者に販売手数料を払い、さらに毎年、運用委託者に信託手数料を払う。銀行が窓口で投資信託を売れば、販売手数料が入るほか、販売する投資信託をグループ内の投資信託会社が組成している場合、グループ内に信託手数料も落ちることになる。

販売手数料は公社債投信などで0・5%、インド投信など高リスク投信だと2%近く。さらに保険商品の場合は5%に上ることもあった。信託手数料は低リスクの投信で1%近く、外債などを組み込んだものになると2%を超えることもあった。

銀行にとってみると預金だと手数料はゼロなのに対し、投信を売れば実質的な手数料は数%にもなる。かなり高い口座維持手数料を取るのと同じ経済効果が期待できることから、多くの銀行が投信販売に注力し始めた。

投信窓販によって、銀行と顧客との関係は変わってしまった。

預金を預かって融資をする昔ながらの経営は、預金がいったん銀行の資産になるため、それをうまく活用することは銀行の利益にもなり、利用者に利息を払うことで利用者の利益にもなる。銀行と利用者がウイン－ウインの関係でいられる仕組みと言えた。

それに対し投信の販売は、銀行と顧客の切り離しを意味した。投信を販売すれば手数料は残るが、その先については責任を負わない。受け皿となった投信の運用者にとって、受け入れたのはあくまでも他人の資金だ。運用がうまくいっても、いかなくても手数料は得られる。銀行にも運用者にも、利用者とのウイン－ウインという関係はない。どこまで利用者のために親身になれるか、よくわからない仕組みだった。

投信販売は、古くから銀行の倫理を守ってきたバンカーにとってはゆがんだ行為と映った。ひとつは元本保証との関係だ。銀行は元本が保証される預金を扱う機関で、その点こそが投機色が強く、元本割れの恐れのある株式を扱う証券会社との大きな違いだった。銀行マンは、元本保証商品を扱う機関だからこそ、顧客からの信頼を勝ち得ているとの思いが強かった。

ところが収益重視で扱うことになった投資信託は、相場状況次第で元本割れも起こり得る。元本保証の商品を期待して銀行支店を訪れた顧客に安易に購入を勧めると、顧客をだますことになりかねない。そのため銀行は当初、投信が元本割れ商品であることを丁寧に説明して販売するとしていたが、現場の営業担当は説明すればするほど顧客が購入に二の足を踏む現実に直面した。営業担当は支店長から一定の投信販売を強く期待されており、説明の仕方は徐々に変わっていった。

投信窓販が始まってしばらくして、地方銀行のトップに意見を聞くと、本当に投信窓販がいいのか疑問に思うとの意見が根強くあった。

例えば山陰合同銀行の古瀬誠頭取は「銀行が顧客から預金をあずかるのは、顧客から資金を託され、それを銀行がリスクを取って融資で運用する仕組みだ。顧客は素人でリスクは取れないからこそ、プロである銀行にお金を預けてくれる。銀行が預かった資金を融資で運用して利益をあげにくいのなら、有価証券運用でリスクを取って利益をあげ、それをＡＴＭ網の整備などの形で顧客に還元すべきではないか」と指摘していた。

その一方で、関東地方のある地銀の頭取は「支店での投信販売を強化して、顧客資金の3割程度が投信になった。それによって手数料収入が確実に増えている」と胸を張っていた。しかしそれで資産を守りたいと思っているような顧客の意思が本当に尊重できるかは、疑問だ。

自らリスクを取って高い運用利益を目指したいという顧客にさまざまな投信を提供するのはいいことだ。それで利益をあげている富裕層が存在するのは確かだ。しかし日本で預金を保有している顧客の金融リテラシーを考えれば、自ら投資リスクを取れる人は1割もいればいい方だ。銀行が預金の3割を投信に切り替えることを目標にするのは、2割の人を犠牲にする可能性がある。

灰色の投信販売も見られた。預金集めが課題だったころ、銀行は融資先に対し一定の預金を積んでもらう協力預金をお願いした。支店に預金獲得目標が割り振られ、その達成のためだった。一部で金融機関が融資先に対し、担保があるにもかかわらず超過貸し付けをして、両建預金にさせ、優越的地位の乱用とされたこともある。

時代は変わり、近年、銀行は融資先に対して投資信託を買ってもらえないか打診している。今の支店には投信の販売目標が示されており、支店長がその達成に躍起になっている。打診の仕方などを一歩間違うと、優越的地位の乱用につながりかねない。

金融庁の「貯蓄から投資」の掛け声に押されて、多くの銀行は投信販売に傾斜していった。銀行経営者の多くは外資コンサルなどが掲げる収益至上の考えに毒され、一部ではリスク意識が希薄な高齢者などに投信を販売している。

もちろん投信販売は違法ではない。リスク説明はするし、万が一に備えてリスク説明を聞きましたという一筆を入れてもらう念の入れようだ。しかしリスク説明がどの程度理解されているかはわからない。そんなことにこだわれば窓販実績でライバル行に劣後しかねない。

「貯蓄から投資」を促す金融庁への配慮と、収益至上、横並びでの競争という銀行の文化が、「素人の顧客にリスクを押し付けていいのか」というまっとうな意見を掻き消していった。その後、顧客に販売した投信の価格が大幅下落し、買った企業や個人から銀行が訴えられている事例もある。固いイメージで証券会社とは一線を画していた銀行が、証券の側に一線を越えてしまった。

本業融資の手抜き――肝の審査は格付け会社に外注

投信販売に注力し始めた銀行では、戦後、主役を務めてきた融資の位置付けが大きく変わり始めていた。

銀行の融資はバブルの崩壊で大きくつまずいた。バブル期には担保の土地が右肩上がりで上昇しているのを背景に、不動産融資にのめり込んだ。バブルが崩壊すると、そうした融資は不良化し、1990年代半ばに銀行セクター全体でほぼ100兆円の不良債権を抱え込む。羹《あつもの》に懲りた銀行は、膾《なます》を吹くようになる。90年代には新規融資に極端に慎重になった。それどころか、既存の融資の回収に乗り出した。

多くの銀行は古くから中小企業向けに期間1年の融資をし、それを毎年更新していた。銀行は多くのケースで貸す際に「毎年更新しますから、これを設備資金に使えます」と口約束していた。更新が前提になっており、更新時期に貸付金利を変えることで、金利変動リスクを回避してきた。

ところが、銀行はその融資の更新を拒み始める。担保不動産の価値が下落し、貸出額を減らす調整は必要だった。しかし銀行は検査で貸し出し条件の緩和に当たると指摘された融資の更新自体を拒まざるを得ず、企業に返済を迫ったのだ。これは「貸しはがし」と呼ばれる事態で、融資で設備投資した企業は返済ができず、破綻していった。

銀行が国内企業向けだけに融資している状況では、融資を減らせば、その分、銀行の食い扶持も減ってしまう。融資を引き揚げ、顧客企業を破綻させれば、営業基盤が揺らいでしまう。そのため業務に占める融資比率の高い多くの地方銀行は、バブル崩壊後も融資を増やし続けた。

それに対しビッグバンによる規制緩和など内外で業務の多角化が目指せるようになった大手銀行は、経営戦略として融資への依存を減らし始める。融資を減らしても、投信販売などを増やせば、全体としては縮小均衡に陥らない。

大手銀行が真っ先に縮小対象にしたのは中小企業向け融資だった。コストがかかるため、リスクが高いにもかかわらず、リスクに見合った利ザヤは確保しにくいと判断したからだ。支店で中小企業向け融資の審査をする体制を組む余裕があるのなら、その融資を切って、浮いた人員を投信販売に回すようになる。

この流れはその後加速し、支店の窓口は手数料収入を稼ぐ最先端と変わっていった。販売する対象も投資信託だけでなく、保険や信託商品、有価証券に広がっていった。みずほフィナンシャルグループは経営戦略として「銀信証の推進」をあげているが、これはまさに数の多い銀行窓口を利用して、銀行の顧客に信託商品、証券商品を販売する手法にほかならない。預金を預かって、融資を出すという業務は、銀行グループ全体の利益から見れば半分を下回る業務でしかなくなった。

長期的に見ると大手銀行の融資は大きく減っている。都市銀行等は中小企業向けなどの融資をピーク比で最大150兆円減らした。銀行の中小企業向け融資は、高度成長期には成長産業を金融面で支えた。しかし1990年代半ばから、ほぼ20年にわたり大手銀行は新しい中小の成長企業に新規の資金を提供する役割をあまり果たさなくなったのだ。欧米に比べて新しい成長産業が育っていないことが今になって問題になっているが、その一因は大手銀行の中小企業離れにある。

銀行が融資への依存度を下げるなかで、銀行の審査能力が揺らぎ始める。融資が圧倒的な中心業務であるあいだは、審査に経営資源を投入できた。しかし融資を減らし始めると、審査のために抱える人材の効率が低下した。

折から信用管理の手法が大きく変わり始めていた。従来は融資の担当が相手企業の財務資料を入手し、社長と面談したうえで、融資を起案し、さらに審査部門でそれをチェックにかけていた。コストのかかるシステムだった。

それに代わる手法として比較的古くから広がっていたのは、格付けの活用だった。融資判断の際に格付けを活用して、財務諸表分析の精度を上げる狙いだった。融資事務効率化に役立つとあって広がった格付けの利用は、それに応じたスプレッド（上乗せ金利）の目安が明確になるため、融資の近代化ともとらえられた。

しかし格付け依存は、本来、銀行内で行っていた融資の可否判断を、格付け会社に外注することを意味していた。外注と言えば聞こえがいいが、要は融資の根幹部分の丸投げでもあり懸念する声もあったが、経費節減の掛け声の下で、そんな懸念は青臭いそもそも論だと退けられた。

中小企業は大半が格付けを取得していないが、そうした企業向けにはスコアリングの手法がとられた。財務諸表などからその企業の信用力を数値化し、それに応じて貸し出しの可否や金利水準を判断する。そうしたスコアリングのモデルを銀行に提供する会社まで出現した。

ただスコアリングは日本ではあまり有効には機能しなかった。本家の米国では住宅融資などをする際に、個人の信用力を数値化するＦＩＣＯスコアが定着している。しかし、そうした前例がないなかで必ずしも開示が十分ではない財務資料を頼りにした信用スコアの信頼性は高くなかった。

スコアリング・モデルを積極利用したのは、石原慎太郎・東京都知事の肝いりで発足した新銀行東京と、竹中平蔵・金融担当相が短期間で認可した元日銀マンの木村剛氏率いる日本振興銀行だった。しかし数値化したはずの信用リスクそのものが信用できなかった。有力者が後ろ盾になった銀行が推進したスコアリング・モデルは不良債権の山を築き、日本の金融界から両行の名前は消えていった。

失われた銀行ガバナンス

銀行が融資依存を下げることに伴って、企業との関係にも大きな変化が生じた。

戦後、銀行は企業と株式持ち合いなどを柱に、メーンバンクの地位を築いた。企業の財務のさまざまなニーズをメーンバンクが引き受けていた。かつては給料の支給日に銀行員が企業に赴いて、袋詰めした給与を従業員に手渡す光景も見られた。

企業はそうしたサービスの対価として、銀行に預金を置くとともに、一部では銀行の行員やOBを社員として受け入れた。銀行が企業の行動を監視できた。

企業が投資を計画する際に、メーンバンクに相談すると、担当行員はそれを調査部に回して、調査部から助言した。銀行はコンサルの役割も果たし、うまくいきそうなら融資をし、危うそうなら投資を控えるように助言した。企業統治のなかに銀行がしっかり組み込まれ、それが企業の暴走を抑止し、生産性の向上に寄与してきたのだ。

ところが銀行が融資を重視しなくなるにしたがって、企業との関係は希薄化する。資本規制が強化され、株式の持ち合いが続けにくくなったことも大きかった。

企業にとってみれば、銀行が融資をしてくれるからこそ、人員や経営アドバイスを受け入れていたわけで、それは融資に伴うコストとの認識だった。融資が減れば人員を受け入れるメリットは薄れてくる。

銀行が派遣する人員もかつては企業経営や財務に精通したベテラン・バンカーだったが、銀行が融資関連人員を縮減するにつれて有能なバンカーも減っていった。しかたなく総務部門で受け入れると、プロパー社員との関係がうまくいかなかったりする。銀行から人材を受け入れる例は減っている。

それに伴って、派遣された銀行員が果たしていた経営チェックの役割は機能しにくくなってきた。ガバナンス上、経営の牽制機能が失われることになる。

ガバナンス強化を迫られた企業は報酬委員会、指名委員会などを設置する委員会制度を導入したり、社外取締役を置いたりするよう求められている。ただ委員会制度は経営者の友人などを起用して、形骸化している例が少なくない。社外取締役も素人を起用して、事実上形式を整えるだけになっている事例も目立つ。大手有力企業でも数社で社外取締役を兼務する学者を雇い、社外取締役の役員会出席率が6割程度にとどまっていることも珍しくない。

企業のガバナンスは銀行が離れることで、外形上は強化されたが実質的には大きく後退した例も多い。実際、企業統治の形式が整っているのに、品質不正、検査不正、会計不正などが相次いでいる。融資を伴う銀行ガバナンスは強権的な面があってベストではないが、一定の抑止効果を伴っていた。それを失った企業は漂流している感がある。

3　崩れなかった「守られる銀行」

公的資金投入でも守られたりそなの株主

「貯蓄から投資」は自己責任の原則のもとで、資金が預金から投資に回されるというシナリオだった。１９９６年に不良債権問題に対応するため、自己責任を問うまで5年が必要とされたが、５年を経過しても自己責任を問える環境は築けなかった。

それどころか銀行が守られる悪しき前例ができてしまう。90年代後半に荒れ狂った不良債権問題は日本長期信用銀行、日本債券信用銀行の国有化や、大手行への公的資金の投入で一段落したかに見えた。しかし実態は、不良債権問題の解決とは程遠かった。

問題の根深さを見せ付けたのが、りそなだった。大和銀ホールディングスとあさひ銀行は２００２年に経営統合を決め、りそなホールディングスとなった。ところが03年4月に、合併前の決算審査に当たっていた朝日監査法人が新日本監査法人と実施していた共同監査を辞退した。

将来見込まれる損失発生によって、払い過ぎた税金が戻ってくる額を資産として計上する「繰り延べ税金資産」の評価で意見が分かれたためで、結局、りそなが求めた5年分の資産は否認され、3年分しか認められなかった。その結果、りそなの自己資本比率は国内基準の４％を大きく割り込む見通しとなり、5月17日に政府に資本注入を申請した。

当時の竹中平蔵・金融担当相は、りそなへの公的資金投入を決めている。破綻後に投入されたそれまでの例とは異なり、破綻前に銀行から申請する形で実施された特異なものだった。投入額は1兆9600億円と巨額に上り、りそなは実質国有化された。

この際、竹中氏はりそなの株主責任は問わなかった。それまでに国有化した日本長期信用銀行などでは、国有化に当たり株主責任を問い、株式は無価値となった。公的資金の投入を受けて、りそなの株価は急騰し株主は株式が無価値にならずに済んだ。それどころか、救済の可能性に賭けてりそな株を購入していた投機色が極めて強い外国の投資ファンドなどは、大儲けした。

これは専門的な面があるものの、破綻銀行の株主責任に関する大きな政策転換になった。自己責任を問うという流れが、中断するどころか、問わない方向に逆行したのだ。

当時の当局関係者に聞くと「りそなは繰り延べ税金資産が否認され自己資本比率は4％を割ったが、0％を割る債務超過ではなかったため、株主責任を問うことにためらいがあった」と弁明していた。しかし海外では2％を割れば事実上の破綻対応をとることもあり、2兆円近い公的資金投入の理由としてはあまり説得力がなかった。

政策転換の本当の理由は別にあると見られていた。りそなの前身の大和銀行は、政治家との関係が深いことで知られていた。また大和銀行は信託を兼営しており、いったん破綻させて、新会社でスタートした場合、信託で預かっていた資産の返却が混乱するとの懸念もあった。りそな株の下落などに主導されて、日本の株価が下落し、金融システム全体の危機につながる可能性があったため、株主を救うことで政府が銀行を守るという強い意志を示す必要もあった。

真相はいまだに明らかになっていないが、結果的に、株主が守られた。銀行が破綻したとき、まず破綻に至る経営の舵取りをしていた経営者が責任を問われ、その次に株主責任が問われ、さらに預金者の自己責任が問われる。りそなの実質国有化で経営者は交代したが、次の段階の株主責任は問われなかった。

1990年代の不良債権問題による日本長期信用銀行、日本債券信用銀行の国有化では、株券は紙くずになる形で株主責任が問われたが、りそなでは株主責任の追及という意味では後退してしまった。

りそな救済の1年以上前の2002年4月に、定期預金などについては銀行の破綻時に元本1000万円とその利子までしか保護しないペイオフが解禁されていた。りそなのケースでは公的資金が投入されたとはいえ会社自体は存続する形になり、預金者の自己責任については議論もされなかった。

株主責任が問われないくらいだから、そこからさらに遠い預金者の自己責任については問えない――。結局、ペイオフが解禁されても預金は全額守られるとの確信が強まった。預金に関しては護送船団のときと大きく変わっていないことが、りそなの事件で改めて、確認されたのだ。

りそなで強まった「預金は依然保護されるだろう」との預金者の期待は、2003年11月の足利銀行の破綻でより強いものになる。

足利銀行は栃木県で預金、貸し出しとも高いシェアを誇る地方銀行だが、バブル期に向江久夫頭取が、鬼怒川温泉のホテルや群馬県のパチンコ関連など県内外で超攻撃的な融資攻勢をかけたのに加え、北朝鮮への海外送金などリスクの高い業務を手掛けていた。

向江氏は社長、頭取、会長と19年にわたり君臨したワンマン経営者で、まさにやりたい放題だった。しかしバブル崩壊で融資は不良化したほか、拉致問題の発覚などを受け北朝鮮との親密な関係が疑問視されて信用が揺らぎ、破綻に追い込まれた。

危機に直面した足利銀は預金保険機構に増資を求め、株主責任が問われなかったりそなと同じ形での救済を探った。しかし預金保険機構はすでに同行が債務超過に陥っているとして、株主責任を問い、株式は無価値になった。2002年の定期預金のペイオフ解禁以降、初めて株主責任が問われる例となったが、預金保険機構が定期預金も含め預金を全額保護した。

足利銀の場合、地方銀行であり、仮にペイオフを発動しても、その直接的な影響は地元の栃木県に限られる。経営悪化の背景が長年君臨したワンマン頭取の放漫経営と、北朝鮮との関係という特殊な事情を抱えていたため、ほかの銀行からの資金流出を誘発するリスクはそれほど高くないと見られた。

しかし政府は地域経済などへの影響が甚大だとして、預金を全額保護している。結果的に預金については護送船団方式のときからの保護スタンスは変えられなかった。地方銀行の預金者責任すら問えないのなら、メガバンクの預金者責任など問えるはずはない。預金は守られるという神話は生き続け、預金資金を投資に回そうという政府の目論見はうまくいかないままになる。

何度も延期されたペイオフ完全解禁

「貯蓄から投資」に向けての推力になるはずだったペイオフ解禁は、制度面でも難航を極めた。1996年にペイオフの5年後解禁を決めたときは、信用組合の経営悪化問題を解決するのに5年の猶予期間が必要との判断だった。信組処理のあいだに資金が急速に流出することを防ぐ必要があると考えたわけだ。

しかしバブル崩壊によって日本の金融システムは、当局の想定を大きく超えて傷んでいた。護送船団方式の時代とは様変わりの金融機関に、預金者が目を向け始め、危ういところから預金を引き出す動きがじわじわ広がりを見せる。金融機関の体力はすり減った。

97年11月には北海道拓殖銀行、山一證券が破綻する。銀行、証券に対する信頼が根底から揺らぎ、危機の最中、私が見に行った日銀近くの信託銀行では解約を求める利用者が列をなし始めた。表に列が伸びると取り付け騒ぎが広がりかねないため、列をビルのなかに誘導する光景が見られた。市場では危うい金融機関から資金を引き出す動きが加速しようとしていた。

金融システム崩壊の危機に直面した日銀総裁と蔵相は、山一證券の破綻後、預金を全額保護する方針を明言。さらに共同で「金融機関の預金その他の資金の払出しについては、これが滞ることのないよう、大蔵省、日本銀行としては、潤沢かつ躊躇なく資金を供給する考えであり、国民の皆様におかれては、いたずらな風評に惑わされることなく、冷静な行動をとられるよう強く要望する」との談話を発表している。

しかし金融システムは安定せず、その後も日本長期信用銀行と日本債券信用銀行が事実上破綻し、相次いで国有化された。また1999年も国民銀行、幸福銀行、東京相和銀行、なみはや銀行、新潟中央銀行などの経営が行き詰まった。ペイオフ解禁を控えた預金マネーは危うい銀行から容赦なく流出し、銀行の退出を促したのだ。このため政府は、ペイオフ解禁時期を2002年まで延ばした。

動揺は解禁時期の1年延期程度では収まらなかった。2001年にも石川銀行の経営が行き詰まった。大手の銀行は自衛のため統合を繰り返したが、あさひ銀と大和銀ホールディングスが統合したりそなグループの経営は安定しなかった。このため2002年からのペイオフ解禁は定期性預金にとどめ、普通預金などは2003年までは全額保護としていたが、結果的にはさらに2005年まで解禁は延期された。

特殊性を強調し過ぎた日本振興銀行のペイオフ――徹底できなかった自己責任

実際にペイオフが初めて発動されたのは、2010年の日本振興銀行に対してだ。日本振興銀行は金融庁の顧問だった日銀出身の木村剛氏が、顧問退任直後の2003年8月に銀行免許を予備申請し、翌04年3月に開業を認可され、4月にスピード開業した。

木村氏は同行の立ち上げに当初からかかわっており、金融庁顧問を務めながら予備免許申請前の設立準備作業を続けていた。竹中平蔵氏が担当相を務める金融庁は銀行設立を審査する立場で、利益相反が起きていた。木村氏が社長を務めるナレッジフォアが発行する雑誌「フィナンシャル・ジャパン」創刊準備号に竹中氏が登場するなど、異様な光景が見られた。

そうしたなかで営業を始めた日本振興銀行は振るわなかった。普通預金、当座預金を扱わず、定期性預金だけで預金を吸収。貸し出しについては、首都圏の中小企業をターゲットに無担保で高利の融資を手掛けていた。銀行というよりも中小企業向け融資を手掛ける商工ローンの経営モデルに近かった。銀行よりも高いリスクを取ることになるが、その審査体制はずさんで、焦げ付きが増え経営が悪化していった。

さらに2010年6月には金融庁が日本振興銀行を検査忌避で告発し、7月には元会長の木村剛氏が逮捕された。創業者の逮捕で銀行の信頼は大幅低下し、9月10日に破綻した。

この件で預金保険機構は、元本1000万円とその利息までしか保護しないペイオフを発動した。「預金は元本保証で絶対に安全だ」という戦後経済の神話は崩れ、預金が保護されない前例ができた。前例が極めて重視される役人の世界では、預金者の自己責任を問うための第一歩ではあった。

ペイオフ発動に踏み切ったのは菅直人政権だった。竹中氏らの市場主義を批判してきた民主党としては、竹中氏の盟友の木村氏が立ち上げた銀行のペイオフは受け入れやすかったのかもしれない。民主党中心の連立政権では日本航空の再生などと並ぶ数少ない功績の一つとも言える。

しかし、これが本当に今後のペイオフ発動の前例になるか疑問視する声もある。預金額が1000万円を超える預金者は全体の3％にも満たなかった。普通預金を扱っておらず、預金は定期預金だけ。危ういと見られていた銀行に高い金利収入を見込んで定期預金している預金者を保護する必要性は薄かった。

金融庁は「日本振興銀行は特殊な例だ」と強調した。ペイオフに伴うほかの銀行からの資金流出を避けるため、決済を手掛けていない振興銀だからこそペイオフしたと強調した。

この時期の日本の金融システムは、メガバンクが公的資金の返済を終えるなど、それほど脆弱ではなかった。ただ国内ではなお、りそなが公的資金を返し終えていなかった。また海外に目を向けると3年前に英国でノーザンロックが資金調達に行き詰まり、取り付け騒ぎが起きている。

万一のことを考えると、決済を手掛けない振興銀行は特殊だと強調せざるを得なかった。しかしそのことを強調すればするほど、決済を手掛ける銀行はペイオフしにくいという印象を植え付けることになる。国民にペイオフのハードルが相当高いとの印象を与えてしまった。

実際、今の預金者に自己責任を問えるかというと、難しい面がある。銀行の情報開示は、不良債権の実態を隠蔽していると批判された1990年代前半からは改善しているのは事実だ。

しかし、いまだに銀行は都合のいい事実を選択的に強調して発表する傾向が強い。例えば2018年3月決算で純利益が減益となったあるメガバンクは、決算の概要として一番目に「純利益は年度計画に対し104％の達成率」としている。

もちろん銀行は決算短信やディスクローズ資料で減益であることを示す情報は多数開示しており、情報を隠蔽しているわけではない。しかし決算の概要は、本来、株主や預金者などに経営の実態をわかりやすく伝える役割があり、そこで「減益」より「計画104％達成」が強調されると、決算に対する印象が変わる。

銀行の広報部が実施しているのは、合法的な範囲で印象を良く見せる活動だ。メガバンクはそうした活動に何十人もの行員を従事させており、結果的に一般の預金者から銀行の実態を見えにくくしている面がある。そうした環境下では、一般の預金者に、細かい係数を見ることを期待して、自己責任を問うのは酷であり、結果的に自己責任の時代はずるずる先延ばしせざるを得なくなる。

ペイオフ解禁の後も、銀行預金は減るどころか、増え続けている。預金から資金を追い出して投資に向かわせるための推進力となるはずのペイオフは、そうした役割を果たせないままになっている。不良債権問題への対応と同時並行で進めざるを得ない金融システム改革の限界が浮き彫りになったと言える。

4　郵貯民営化の難航――消しきれなかった国の関与

サービスより収益への嫌悪感――西川郵政への政治家の冷ややかな目

貯蓄文化の大きな改革になるはずだった郵政民営化も、その後、蛇行することになる。

小泉純一郎首相が株式会社化した郵政の持ち株会社である日本郵政の舵取りを託したのは、三井住友銀行で頭取、会長を務めた西川善文氏だった。磯田一郎氏に取り立てられ安宅産業の処理に取り組むなど、住銀の負の側面にも深くかかわってきたバンカーだった。

阪神タイガースのファンで、もともと記者志望とあって、記者とも気さくに話す側面がある一方、行内ではすぐに切れて、物を投げ付ける短気な上司として恐れられていた。この時点では、住友銀行と三井銀行を合併させ、不良債権問題を乗り切った手腕が評価された。

西川氏は全銀協の会長時代に、郵政の肥大化をさんざん批判してきた。批判の急先鋒を起用して、郵貯の体質を変えようとする小泉流の大胆な人事で、民間銀行経営のノウハウで生ぬるい官の体質の改善を目指した。

体質改善を託された西川氏は、収益性のフィルターで郵政を見直そうとした。銀行のリストラと同様の手法を郵貯にも持ち込もうとしたのだ。

銀行経営者の視点からまず非効率に見えるのは、全国に2万4000もある郵便局網だった。過疎地などの郵便局は都市部に比べれば効率は悪いが、地方の郵便サービスを支えている。集落によってはコンビニも、ガソリンスタンドもなく、主な施設は郵便局だけといったところも少なくない。そうした郵便局を収益の論理で切り捨てようとしたことに、自民党議員の一部などが猛反対し、削減の試みは頓挫する。

また日本郵政は不動産の売却にも動き始めた。「かんぽの宿」の一部売却を計画したが、売却先が規制改革会議議長だった宮内義彦氏が会長を務めるオリックス傘下のオリックス不動産に決まった。しかし入札価格などに不透明な点があると鳩山邦夫総務相が注文を付け、結局、売却はされなかった。

さらに日本郵政は2008年10月に三井不動産レジデンシャルと組んで目黒区・東山で社宅跡地に分譲マンション事業を実施することを決めた。日本郵政は全国で4万戸を超える社宅の一部を分譲して収益化しようとしたのだ。

民営化は民の力を借りて資産価値をあげることで、駅前の郵便局の再開発などは評価されたが、特定のグループと組んだマンション分譲は、自民党の一部政治家などから国有財産の売り食いと批判された。新日鉄などが社宅用地をマンションとして開発分譲する例はあるが、それは民営化して何十年も民としての活動実績を残した後だ。民営化直後の分譲は、公益意識の薄い民間企業による郵政利権あさりの典型と映った。郵政民営化に反対する勢力の不満は沸点に達しようとしていた。

亀井静香氏　郵政担当相に——残る国の暗黙の保証

小泉首相が敷いた郵政民営化路線は、２００９年の政権交代でつまずくことになる。麻生太郎首相が衆院を解散したが、自民党は選挙で惨敗し、民主党、国民新党、社民党による連立政権が誕生した。３党は連立を組むに当たって政策合意しており、そのなかに郵政事業の抜本的見直しが盛り込まれた。

「日本郵政、ゆうちょ銀行、かんぽ生命の株式売却を凍結する法律を速やかに成立させる。郵政事業の4分社化を見直し、郵便局のサービスを全国あまねく公平にかつ利用者本位の簡便な方法で利用できる仕組みを再構築する」

しかも首相になった鳩山由紀夫氏は、自民党の郵貯民営化反対の急先鋒で、その後、国民新党を結成した亀井静香氏を金融担当・郵政改革担当として入閣させた。

亀井氏はまず日本郵政、ゆうちょ銀行及びかんぽ生命の株式の処分を停止させる法律を通した。２００９年を目指していたゆうちょ銀などの郵政株の売却は凍結された。

そのうえで２０１０年5月には郵政改革法を衆院で可決させた。亀井氏は「国民の権利として、郵政事業に係る基本的な役務を利用者本位の簡便な方法により郵便局で一体的に利用できるようにするとともに、将来にわたり、あまねく全国において公平に利用できることを確保し、長年にわたり国民共有の財産として築き上げられた郵便局ネットワークを活用する」と説明していた。その後、参院では審議が進まず、曲折を経て、改革法は2012年に成立、小泉路線を大きく転換した。

具体的には郵便事業会社、郵便局会社が日本郵便に統合された。日本郵政のもとに、日本郵便、ゆうちょ銀行、かんぽ生命がぶらさがる4社体制となった。国が日本郵政の株式の3分の1以上を保有、日本郵政がゆうちょ銀、かんぽ生命の株式を保有する形に改めた。ゆうちょ、かんぽ株は全ての処分をめざすとされたが、時期のメドは示されなかった。株式会社化されたとはいえ、国の関与が強く残ることになった。

ゆうちょに関しては2015年株式の市場売却は始まったものの、日本郵政の出資を通じて、国の関与が残っている。郵便貯金は国が直接貯金業を営む体制ではなくなったが、国が間接出資し、監督もしている機関の破綻を放置できるはずがない。結果的に国の暗黙の保証がついている状況になっている。

郵政民営化は「貯蓄から投資」を加速すると期待され、実際、郵便局で投資信託なども販売されるようになった。しかし貯金から資金を投資へといざなうはずだった、国の保証の廃止は完全にはできず、暗黙の保証という形で残ったままとなった。

しかも自民党などに郵貯の貯金限度額の引き上げ議論が根強く、郵政を監督する総務省内にも限度額引き上げ容認論がある。郵貯に関しては、金融庁が促す「貯蓄から投資」への期待がほぼくじかれた状況になっている。

その後、亀井氏によって辞任に追い込まれた西川氏のもとで「かんぽの宿」の売却など市場主義に基づき郵政改革を担っていた横山邦男元日本郵政専務が、２０１６年に日本郵便の社長で復帰している。日本郵政、すなわち巨額の貯蓄をめぐる路線と利権の闘争は依然決着しておらず、蒸し返される懸念すらある。１００年以上の歴史を背負った貯蓄を生かすのは簡単ではない。

5　期待外れの投資信託

ゆがめられ紹介されていた米国の「投資」――元本保証ＭＭＦ

ビッグバンの柱の１つである投資信託の銀行窓販解禁には、閉塞感が強まる日本の金融の突破口にしたいとの期待が込められていた。モデルは米国だったが、取材をしてみると、その実態はゆがめられて議論されていた。

証券取引審議会の総合部会座長として議論をリードした蝋山昌一氏は、１９９８年5月8日に金融システム改革を議論する衆院の大蔵委員会で「米国の場合には、高金利の時代に、マネーマーケットにミューチュアルファンドが預金との競合商品として登場し、預金を圧倒する状況をつくり上げ、金融革命の大きな引き金になった。投資信託というものに対する国民の信頼感が増し、証券会社が資産運用業として技術を蓄えるようになった。そういうものが好循環となって投信に支えられた米国の金融のいわば活況をつくり上げている。日本でもチャンスがあったが、そのチャンスの芽はつぶれてしまった。しかし、今からでも遅くない。そういう道をたどらなければいけない。まずは市場への国民の信頼感というものを獲得するということだろう」と述べていた。これがビッグバンの入口の認識だった。

しかし、入口ですでに大きな誤解が生じていた。

米国でミューチュアルファンドが急拡大したのは事実だが、それは蝋山氏が指摘する通り1970年末以降の高金利の時代である。金利規制で預金金利が抑えられるなかで、より自由だったミューチュアルファンドが高い金利を提示した。利用者にとって最大の関心事である金利の高さが、そこでは確保されていた。とりわけ預金と競合したMMF（マネー・マーケット・ファンド）が急拡大した。

ビッグバンを進めようとした日本では、すでに政策金利が1%以下にまで引き下げられていた。そもそも米ミューチュアルファンド拡大の最大の推進力が何だったのかの見極めもないまま、米国の制度が日本に輸入された。

さらに米国のMMFは預金に準ずる安全な投資商品だった。運用は基本的には低リスク商品で実施し、元本保証に限りなく近い商品として認識されていたのだ。

この認識が実はリーマンショックのときに揺らいでいる。規模の大きなMMFの「リザーブ・プライマリー・マネー・マーケット・ファンド」の1口当たりの純資産価値が0・97ドルと基準価格

1ドルを割り込んだ。リーマン・ブラザーズの債券を組み入れていたのが原因で、巨額の資金が同MMFから流出。あわてた米政府はMMFの元本保証プログラムを設ける措置を打ち出している。

リーマンショックの混乱はともかく、日本でビッグバンが始まるころ、米国ではMMFは実質的に元本保証だと見られていた。MMFは日本の預金に当たる役割を果たしていたのだ。

日本のビッグバンでは、「貯蓄から投資」は預金から投信・株式への流れと位置付けられたが、モデルの米国ではMMFは事実上、貯蓄とほぼ同じと認識されていたわけだ。1980年代はそれが市場拡大の原動力だったわけで、リスクが高い商品への投資が市場を猛然と牽引したわけではない。日本の「貯蓄から投資」は、元本保証商品が投資を牽引した米国の現実をゆがめて制度化された面があった。

簡単に言うと、米国での「貯蓄」に準じたものの拡大を、「投資」拡大だとゆがめて解釈し、それを日本で「投資」の拡大に利用し、実際に政策化したのだ。間違いではないが、誤解を生じさせかねない政策だったと言える。

おばけ投信グロソブの挫折

日本版ビッグバンの一環として1998年に、投資信託の銀行窓販が始まった。これを大きなビジネスチャンスととらえたのは、国際投信投資顧問が設定した「グローバル・ソブリン・オープン」だった。略称は「グロソブ」で投信の旗手ともてはやされた。

グロソブを開発したのは、野村総合研究所でアナリスト、ストラテジストを務めていた山内一三氏だった。山内氏は国際投信投資顧問から誘われ入社、株式運用が中心で、短期売買に傾きがちだった投信のビジネスモデルの見直しに着手した。

銀行窓販が始まれば、銀行の預金者が投信の想定顧客になる。預金者は信用リスクに敏感で、価格が低迷する株式への関心は薄い。そこで山内氏は先進国の信用力が高い国債に分散投資し、預金の代わりに買えるという安心感を出すことにした。顧客がとるのは為替リスクだけにとどめようとしたのだ。

また毎月、年金感覚で分配金がもらえる「毎月分配」の仕組みを取り入れた。「分配するくらいなら再投資した方が長期的に資産は増える」というのが欧米の常識だったが、日本では顧客は退職者が多い。90歳のときにまとまったお金をもらうよりも、今、年金の足しがほしい。体が元気なうちの方がお金の効用は大きいとの高齢者の心理をつかんだ。

グロソブは右肩上がりで残高を伸ばし、ピーク時には5兆円を超えた。日本は投信の残高では欧米に大きく後れを取っているが、1本の投信の残高で5兆円というのは国際的に見ても有力な投信だった。東京・丸の内の国際投信投資顧問の本社には、グロソブに組み入れられている欧州周辺国の国債関係者が頻繁に足を運んでいた。

ところが、リスクを抑えた投資信託ですと売られていたグロソブに逆風が吹き始める。

2007年に発生したサブプライムローン問題は欧州の金融機関を直撃した。アイルランドやアイスランドの銀行がGDPを大きく上回る規模の債務を抱えたまま経営危機に陥り、国がその救済コストを負担できるかどうかが懸念され、国債が売り込まれた。金融危機対応で各国の財政が悪化し、欧州委員会がドイツ、イタリアなど9カ国が財政赤字を一定幅に抑えることを定めた「安定成長協定」に違反していると指摘した。

さらに2009年10月には、ギリシャが財政見通しの大幅悪化を明らかにした。同月首相に就任したパパンドレウ氏が前政権の財務を点検したところ、簿外で巨額の債務を抱えていることが判明したためだ。これを機にいわゆるギリシャ危機が発生し、ギリシャは結局、EU、国際通貨基金（IMF）から支援を受けることになる。

財政の悪化はイタリア、ルーマニア、スペイン、ポルトガル、ハンガリー、アイルランドなどでも進んでおり、そうした国の国債価格が大幅に下落した。

この欧州債務危機はグロソブを直撃する。欧州の先進国の国債を組み込んでいるから安全としていたが、その先進国の国債がデフォルト懸念で下落したのだ。しかもギリシャの離脱観測からユーロも売られ、保有する欧州国債は信用リスクと為替リスクが顕在化した形となり、大幅に値を下げる。前提が狂ったグロソブからの資金流出が加速した。

グロソブの基準価格は、分配金を払ってきたこともあり2018年6月には4800円台にまで下がっている。顧客は毎月年金感覚で分配金を得てきたので、一定の目的を達成しており、基準価格は関係ないのかもしれない。分配金も含めれば、同じ額を預金に置いておくよりはトータルリターンが多かったのなら、投資は成功だとの解釈も成り立つ。ただ残高は20年を経て純資産総額が5000億円を割るなど、ピーク比10分の1以下になっている。

グロソブは顧客数が150万人を超えるなど「貯蓄から投資」の推進という点では大きな役割を果たしたのは間違いない。その一方で毎月分配の仕組みを大きく広めてしまった。

目先の年金感覚で分配金を受け取ることが、本来の長期的な資産形成にはマイナスとの見方が根強くある。そうした仕組みの投信が存在すること自体は個人の志向にこたえるという点で重要だが、それが日本最大の投信となったため日本の投資家に毎月分配は有力な形態だとの印象を植え付けてしまったのも事実だ。

高手数料・低収益の日本、低手数料・高収益の米国

「短期間での商品乗換えによる販売手数料収入重視の営業を見直し、(中略)個人投資家の利益を第一に考えた商品の開発・普及促進に向けた取組みを強力に進める必要がある」

2013年12月、金融庁が設けている金融・資本市場活性化有識者会合が「金融・資本市場活性化に向けての提言」をまとめた。アベノミクスの「第三の矢」の一環として、金融資本市場に関しても潜在成長力の引き上げに向けた戦略的な構造改革を進めていく必要があるとし、その具体策の

一つとして投信の販売に言及している。

　それを受けて2014年に金融庁は監督の在り方について「営業員に対する業務上の評価が投資信託の販売手数料等の収入面に偏重することなく、預り資産の増加等の顧客基盤の拡大面についても適正に評価するものとなっているか留意して監督する」と念を押した。


　金融商品取引法で顧客保護体制が整ったはずだったが、現場では顧客そっちのけの営業が展開されていた。政府は投資信託が個人の資産形成の有力な手段になるとして銀行での窓口販売を認めたのだが、販売に当たった銀行や証券会社の関心事は販売実績と手数料収入だった。

　戦略分野になった以上、他社には負けるわけにはいかないという金融界の横並び体質から各社とも支店にノルマを課すなどして販売実績の積み上げを図った。販売に当たっては手数料の高い投信販売に注力する傾向があることは前述したが、顧客に短期売買を勧めることで手数料を稼ごうとする動きも後を絶たなかった。既存の投信を別の投信に乗り換えさせることで、新規の販売手数料を稼げるからだ。

　比較的良心的なケースでは、例えば1年前に顧客に買ってもらった投信がその後、価格が上昇しているような場合で、別の投信への乗り換えを勧めた。長期投資というもともとの狙いとは異なるものの、目先の利益が期待でき、営業マンも新しい投信を買ってもらうことで手数料が稼げた。

　悪質なケースは、投信を買ってもらったものの、1年ほどたって利益が出ていないから別の投信に乗り換えてはどうですかといった乗り換え勧誘をする動きが後を絶たなかったことだ。営業マンにとって投信は販売時に販売手数料が稼げるが、いったん購入されると2年目からは信託手数料だけで、営業マンの手数料収入はゼロになる。営業マンにとっては長期で資金が固定されてしまっては手数料を稼ぐ機会が大きく減ることになる。そこで乗り換えを勧めるのだが、その際に重要事項を説明しないなど不適切な例が後を絶たないことが、証券取引等監視委員会の調査で判明している。

金融庁は2017年3月に銀行の投信窓販を調べたところ、ヒアリング対象行では投信の販売残高は伸びないなか、販売額とほぼ同額が解約・償還されており、回転売買が行われていることが推測されると指摘している。日本の投信は乗り換え勧誘に使いやすい、テーマを決めた分野に投資する型のものが毎年多く設定されている。

また日米の公募投信のコスト比較を見ると、日本の投信は米国に比べ1本当たりの販売手数料、信託報酬ともに高いとしている。具体的には純資産額上位5商品で販売手数料は日本が3・20%なのに対して米国が0・59%。信託報酬は日本が1・53%なのに対し、米国が0・28%。収益率（過去10年の平均）は日本がマイナス0・11%なのに対して、米国が5・20%となっている。要は、日本の投信は米国の数倍の高い手数料を取りながら、顧客資産を減らすような運用しかできていないことになる。

「貯蓄から投資」の時代の主役とされた投信は、業者にとっては米国の数倍もの手数料を稼げるドル箱だった。ところが利用者にとっては、預金から資金を移しても、収益は全く増えないどころか、マイナスになってしまった。預金のままで置いておいた方が賢明だったというのが、金融庁の規模の大きな公募投信の比較で明確になっている。

6　一般個人から離れる株式市場

情報の自己責任時代――コストかけないネット証券が主役に

ビッグバンで実現した株式売買委託手数料の自由化は、株式市場の風景を大きく変えた。手数料が大幅に下がったことで、一般の人が株式売買しやすくなったのは間違いないが、弊害も少なくなかった。

戦後、株式売買を牛耳っていたのは野村、日興など大手証券4社だったが、ビッグバンを経ていわゆるネット証券が台頭する。全国に支店を展開する大手証券に比べて、支店網を持たないネット証券は低コスト運営に成功し、コストが浮いた分は手数料の引き下げに回した。個人からの売買では、今やネット証券が大手証券を上回っている。

ネットで簡易かつ安価で株式取引ができるようになり、株式市場の裾野が広がった面がある。東京大学や早稲田大学では株式売買を研究するサークルができ、大学生までもが関心を向ける対象に変わった。若い人のなかには素人にもかかわらず、ネットで一日株式売買を繰り返し、大きな利益を手にする人も現れた。デイトレーダーは流行語にもなった。

一方で、株式売買手数料がそれまでのように稼げなくなった大手や準大手の証券会社は、株式売買を推奨する際に提供していた付随サービスの見直しを余儀なくされる。かつては巨額の売買手数料収入があったため、それを原資に顧客に『日経会社情報』を無料で配ったり、多数のアナリストを抱え銘柄分析情報を大量供給したりしていた。売り手による情報提供が公平かどうかの問題はあったものの、投資家は容易に株式に関する情報を入手できた。

ところがサービスの原資の売買手数料が細ってくると、証券会社は抱えるアナリストを減らさざるを得ない。大手証券は大口顧客である海外ファンド向けなどには情報発信は続けるものの、ネットに流れた顧客にまで情報提供を続ける義務はない。

一方で、大手証券から個人客を奪ったネット証券は手数料引き下げ競争にさらされており、大手証券のようなリサーチ体制を組むことはできなかった。ネット証券のスタンスは、必要最低限のアナリストなどは抱えるものの、自己責任の顧客がネットなどで株式や銘柄の情報を収集して、売買執行だけを証券会社に委託するというのが基本だった。

もともと日本の資本市場は個人投資家の株式売買に対する知識、情報水準が低いといわれ、政府も顧客のリテラシーを上げる必要があるとしている。しかし、その役を果たす人はかつてよりも少なくなってしまった。

わかりにくくなった市場――不透明さ増す超高速度取引

株式売買委託手数料の引き下げは、個人投資家を株式市場に呼び込むために実施されたものだ。成果が全く出ていないわけではない。株式売買に占める個人の比率はバブルのピークの1989年には24％を超えていたが、ビッグバンが動き出す97年には11％まで落ち込んでいた。それが2017年には18％まで戻っている。株価が97年に比べ持ち直したことも影響しているが、一定の効果はあった。

ただビッグバンの影響は、統計で見ると個人より外国人に劇的に表れている。外国人の売買高に占める比率は1997年に29・1％だったが、2017年には72・5％まで上がっている。日本の株式市場の日々の売買の7割以上が外国人によるものなのだ。

これは、日本の市場の国際化という面では悪い話ではない。少子高齢化で人口が減っていく日本としては、海外からの資金を引き付けて金融市場を活性化していくしかないからだ。

難しいのは、外国人投資家の売買比率が高まると売買の分析が難しくなる点だ。ネット証券のストラテジストは毎日、株価が動くと内外のニュースに引き付けて解説をしてくれる。しかし、実際には海外の巨大ファンドがポートフォリオのアロケーションを変更するのに伴う日本株売りなどが相場を動かしていることも多く、その動きが日本のストラテジストからはつかめないのだ。一般の個人投資家の視点から見ると、どうして株価が動いているのかが、わかりにくくなっている。

もうひとつ大きいのは高速度取引だ。米国などではコンピューターを使って1秒間に何百もの取引を実施する超高速度取引が盛んになり、日本も2010年に次世代売買システムを導入し、外資などが超高速度取引を東京市場でも手掛け始めた。

そうした超高速度取引の狙いはさまざまだ。一度に巨額のオーダーを出すと取引が成立しにくいため、細かく分けて売買を円滑にしたいというわかりやすい理由もある。しかし、細かな注文を多数出すことによって多くの買いまたは売りの需要があるように見せかけることを狙う取引もある。

ひとつ言えるのは、力のある取引者が情報武装をして、個人では到底出すことのできない大量の小口取引を持ち込む時代になったということだ。景気がピークアウトしそうだから、先回りして株を売っておこうかといった牧歌的な時代は終わってしまった。引け間際に何を狙ったのかよくわからない数百、数千の小口取引が仕掛けられ、それによって相場の流れが変わることすらある。

もちろん市場はいろいろな参加者が集まって取引をする場であり、安易な規制は避けるべきだろう。ただコンピューターを駆使して従来全く想定できなかった取引ができるようになった結果、取引手法に劣る個人にとっては、これまで以上に市場が見えにくくなっている。株式市場は投機色が強まったと感じている投資家が増えている。

ネット時代は個人がネットを駆使して企業の決算情報を取得できるなど、本来、個人投資家にとって悪い時代ではない。最初の段階では市場の裾野を広げ、株式市場が大衆化するきっかけになることが期待された。しかし実際には、超高速度取引など新しい技術が株式市場をより高度に変質させ、個人がついていきにくくなった面もある。

7　上から目線の振興策――税金まけるＮＩＳＡの登場

証券優遇税制廃止の代替措置――守られる証券界の利権

「貯蓄から投資」を進めるためと金融庁が推奨しているのが、ＮＩＳＡ（少額投資非課税制度）だ。これは金融庁自身が認めるように英国のＩＳＡ（個人貯蓄口座）をモデルにしたものだが、日本では株式などに資金を誘導する手段として英国の制度の趣旨からはゆがんだ形で導入されている。

２０１４年１月にＮＩＳＡが登場した背景にあるのは、株式投資などの譲渡益や配当にかかわる税率を低く抑える証券優遇税制の存在があった。

証券優遇税制は２００３年に成長資金の確保などを目的に導入されたもので、株式、投資信託などの譲渡益、分配金、配当などにかかる税率を元の20％から10％に引き下げる内容だった。時限措置として導入され、その後、何度か延長された。

しかし国の財政が悪化するなか、民主党や共産党などが株式を保有し売買する富裕層に利点の大きい金持ち優遇策だとの批判を強めたこともあり、13年末で打ち切られた。税率は本来の20％に戻った。

この証券優遇税制に関して、証券界には証券優遇税制は業界活性化の既得権益との考え方が強く、廃止に対して「貯蓄から投資を進める必要がある」「廃止に伴い個人投資家の投資意欲が薄れ、株式市場に悪影響が及ぶ」などと強く反対した。政府は証券業界の権益への配慮もあって、証券優遇税制に代わる証券取引の優遇策を導入することにした。

政府内にも、マクロ経済政策の面からも「成長資金の確保」「貯蓄から投資の推進」は必要との見方が一部にあった。批判が強かった金持ち優遇ではない仕組みの構築が求められ、個人の少額投資を優遇する枠組みが浮上し、参考例として目を向けられたのが、英国が導入していたＩＳＡだった。

英国ＩＳＡのゆがんだ輸入

ＩＳＡは「individual savings account」の略で、邦訳すると「個人貯蓄口座」だ。

英国は高福祉国家として知られ、年金制度の先行き不安が強い日本とは異なり、老後の備えへの意識が薄い。また銀行などからの融資が受けやすく、あえて万一の備えの貯蓄を積む必要性があまり認識されていない。１９９０年に入って個人が借金して消費する性向を強めたため、危機感を抱いた英政府が99年に貯蓄率を高める目的で導入した。預金、株式投資などに使え、口座の保有者は一定の拠出額までは配当、譲渡益、利子について非課税とする内容だ。

当初から制度は改善が図られ、２００８年には株式型ＩＳＡと預金型ＩＳＡの２つの類型が整っている。預金型ＩＳＡは預金とＭＭＦが、株式型ＩＳＡは株式、債券、投信、保険などが、それぞれ対象となっている。その後、新しい金融商品の登場に対応してイノベーティブ金融ＩＳＡも設けられ、限度額は合計で2万ポンドとなっている。

かつては預金型ＩＳＡが優勢で、最近では株式型ＩＳＡの利用がやや多い。２０１７年4月時点では株式型３１４９億ポンドに対し、預金型は２７０２億ポンドとなっている。両方の型を合わせたなかで対象として最も大きいのは現金・預金で、次いで株式投信、ユニット型信託となっている。

個人、とりわけ若者に対して能天気にお金を使うのではなく、貯蓄が大切であるということを示す効果があった。そのため当初、口座開設は10年の時限措置とされたが、その後、恒久化されている。また子供のころから貯蓄習慣を身に付けさせるためジュニアＩＳＡなども導入されている。

これに対しＩＳＡを参考にしたはずのＮＩＳＡは、ＩＳＡとはかなり内容が異なるものになった。証券界などから「銀行は預金が余っているのに、それを優遇する必要はない」といった意見が出て、結果的にＩＳＡの株式などに関する一部だけを取り入れることになる。

金融庁はＮＩＳＡの狙いとして、家計の安定的な資産形成の支援と経済成長に必要な成長資金の供給拡大の2つを挙げている。英国は個人の立場に立って安定的な資産形成を促そうとしたのに対し、日本は、経済成長に必要な資金供給拡大という政策目的を付け加えた。

経済成長に必要な資金は、預金を介して銀行の融資で供給されたり、株式投資を介して供給されたりする。間接金融、直接金融の両チャネルがあるが、日本は間接金融を通じた供給には一顧だにしなかった。

個人の資産形成を手助けするなら、本来は個人のお金の運用ニーズを調べ、優遇するならそれに沿ったものにする考え方もあるはずだ。しかし制度設計時に参考にされることが多いのは、あくまで業界の意見だ。政府も個人の資金をどう使うかという点にしか関心がなかった。政府による個人マネーの優遇策が個人の嗜好に合ったものかどうかは顧みられず、業界主導の「貯蓄から投資」の仕組み作りが進んだ。

その結果、ＮＩＳＡは英国のＩＳＡのように株式型、預金型という幅広い貯蓄吸収ビークルにはならず、上場株式と投資信託などを対象商品とし、配当、譲渡益について非課税にする英国の株式型ＩＳＡのような仕組みのみの構成になった。英国のＩＳＡに比べて投機的な金融商品への資金誘導色が強い制度になっている。

制度的に見ればかつて日本には預金、郵便貯金などに対して一定の限度額まで利子を非課税にするマル優の制度があったが、ＮＩＳＡはその株式、投資信託版とも言えるものだ。税金をまけることによる資金誘導を図った。ＮＩＳＡの非課税枠は当初毎年１００万円（現在は１２０万円）で、非課税期間の5年間を投資し続けると最大５００万円分（現在は６００万円分）の株式・投資信託投資の利子が非課税になる。

また金融庁は「貯蓄から投資」を促すためとして、19歳未満の人を対象にした、ジュニアＮＩＳＡの仕組みも導入した。親や祖父母からの資金拠出を認め、子供や孫の将来に向けた長期投資という位置づけにしている。限度額は80万円で、期間は5年としており、20歳になると自動的にＮＩＳＡ口座が開かれる。日本の場合、資金の保有者が高齢者に偏っており、その運用は保守的になりがちで、リスクがとりやすい若者層の株式投資への意識を高める狙いがある。

２０１７年末のＮＩＳＡの利用状況は口座開設数が１０９８万、ＮＩＳＡの買い付け額が12兆４０００億円となっている。

ＮＩＳＡ開設以降、銀行や証券会社が顧客の囲い込みのため自社での口座開設を猛然と働きかけ、口座数自体は１０００万を突破するまで普及している。このうち約3割は投資未経験者といわれ、ＮＩＳＡは投資の素人を投資の窓口まで誘導する効果はあったとの見方がある。

しかし実際にＮＩＳＡの口座を使って株式などの投資をしている人は、口座保有者の6割にとどまっている。投資未経験者の場合は、開設したものの投資していない人の比率はより高い。

金融庁はＮＩＳＡについて投資家教育的な意味合いがあるとしているが、預金を外した枠組みではまともな教育はできない。あくまでも資産形成は預金、株式・投信などの多様な金融商品からの選択が欠かせない。個人資金の強引な投資誘導策が、どういう影響を及ぼすかは未知数だ。

Ⅳ

裏切り

利用者不在の改革

1　期待外れの金融商品取引法——なくならなかった不祥事

横断的規制の盲点——易きに流れた経営

「貯蓄から投資」の基本法である金融商品取引法が整い、日本の証券市場は公平、透明になり、活発な取引が展開される場になるはずだった。しかし政府の思惑は外れてしまう。不正事件は後を絶たず、取引も活性化とは程遠かった。取材で目の当たりにしたのは、担い手にいつまでたっても信用が戻らない現実だった。「貯蓄から投資」の動きも進まないどころか、後退すら懸念された。

金融商品取引法は証券取引法を全面的に改めたもので、金融証券業に携わる業者を1つの法律で規制しようというものだ。前述したようにそれまでは例えば販売の勧誘をとっても、証券業、金融先物取引業、商品取引販売業、信託受益権販売業などそれぞれの業法によって規制されるわかりにくい仕組みだった。それを金融商品取引法では、流動性の高い有価証券の販売・勧誘については第一種金融商品取引業と位置付けるなど、同じ法律で律することにした。規制の複雑さは解消されたが、規制のレベルについては思わぬ落とし穴があった。

かつて証券会社は銀行と並ぶ、金融業者の中核を担っていた。大蔵省が金融・証券制度を変えるときは大手証券に意見を求め、それが制度改革に反映された。さまざまな業界があるなかで、証券業界は銀行業界と並んで特別な地位を与えられていた。大蔵省に単独の局として証券局が存在したのがその証しだった。

その一方で、大蔵省は、大手証券には証券会社の模範として他よりも高い規律を求めていた。1980年代のMOF担と呼ばれていた大手4社の大蔵省担当の一人は「合法であっても投機色が強い商品はなかなか認めてくれない」と嘆いていた。投機的な商品はほかの金融業者が手掛けるよう、当局指導でそれなりの棲み分けをしていた。

ところが金融商品取引法は業務で規制するため、大手証券もほかの業者も同じ土俵に上がることになる。もともと金商法は、金融取引を活発化するため、従来の規制よりも幅広い業者の参入を促そうとした。創業まもない会社と、何十年の伝統のある証券会社が区別されなくなった。

大手証券にとってみれば、うるさかった大蔵省の口頭指導がなくなり、儲かりそうな新規業務に飛びつきやすくなった。例えば、大手証券会社は店頭での外為証拠金取引に参入した。問題が多発していた取引だが、利益が追求できる業務であれば、それを追求する姿勢が鮮明になっていった。ビッグバンで株式の売買委託手数料というドル箱を傷付けられた大手証券が、収益性を求め新たなビジネスを手掛けるのは自然の流れではあったが、業界リーダーとしての矜持は薄れていくように見えた。

増資インサイダー——利用された金融商品取引法の抜け穴

利益優先を鮮明にした証券会社をめぐっては、不祥事が相次いだ。1990年代に反社会的勢力への資金供与などで大きな打撃を受けただけに、同じ轍は踏まなかった。しかし収益を優先して規制を逸脱する行為は舞台を変えて頻発した。

株式の売買委託手数料の自由化を盛り込んだ日本版ビッグバンを受けて、大手証券会社は収益の柱を株式売買などセカンダリー業務から有価証券の引き受けやＩＰＯ（新規株式公開）などプライマリー業務に移していく。とりわけリーマンショックの後は、企業の財務体質を改善するための資本増強の動きが強まり、大型増資が相次いだ。

ところがその公募増資に関して、公募増資発表前に株価が急落するケースが相次いだ。公募増資は前提になる事業の拡張、新事業展開などの計画がしっかりしていなければ、株式の希釈化が懸念され、株価下落につながる。増資発表後であれば、そうした懸念から投資家が既存株の売却に走り、株価が下がることはあり得る。しかし公募増資前にそうした株価下落が何度も何度も起きるのは、事前に公募増資の事実を知った投資家が、損失を回避するために売り抜けたためと見られていた。

事態を重視した証券取引等監視委員会は、２０１０年に増資に絡むインサイダー取引を摘発し、相次いで課徴金を課した。摘発したのは、国際石油開発帝石、日本板硝子、東京電力、エルピーダメモリーなどの増資である。

例えば国際石油開発帝石のケースでは、主幹事証券会社の野村証券の営業マンが、情報隔壁が設けられているはずの引受部門から増資情報を入手し、顧客の中央三井アセット信託銀行の株式運用部門のファンドマネジャーに伝え、同ファンドマネジャーはその情報をもとに投資一任契約を結ぶ外国籍ファンドを通して株式を売却・空売りした。

　また日本板硝子の事例では、主幹事証券であるJPモルガン証券の販売トレーダーが職務に関連して増資の事実を知り、あすかアセットマネジメントの投資運用部インベストメント・マネジャーに伝達、同インベストメント・マネジャーはあすかアセットが運用する外国籍ファンドを通して日本板硝子株を大量に空売りした。

　金融商品取引法ではインサイダー取引を規制していたが、情報を事前に知りうる立場の上場企業の役職員と、情報を事前に入手して取引をした主体（個人と企業）を違反時の処罰対象にしていた。ただ企業の増資情報を事前に知りうる立場にあるのは当該企業の役職員だけでなく、企業に雇われた弁護士や主幹事を務める証券会社など幅広い。

　実際、国際石油開発帝石などの事例では、主幹事証券の営業マンが未公開情報の伝達に当たっている。営業マンは自ら株式を売買したわけではないが、情報を伝達した中央三井アセット信託銀行がその情報をもとに取引を実施している。インサイダー取引の罰則を受けずに、自分の有力な顧客に情報を伝達することで、顧客に恩を売り、自らの営業成績引き上げに役立てることができるわけだ。営業マンが規制の抜け穴を利用して、インサイダー取引を促していた。

　こうした事態を受けて金融庁は2014年4月に、金融商品取引法を一部改正し、インサイダー取引の処罰の対象を情報伝達者にまで広げた。主幹事証券などが第三者に利益を得させる目的で未公開情報を伝えると、情報の伝達者も処罰対象になった。

同法改正後もインサイダー取引摘発件数は増え、契約締結者が情報伝達者となるケースが後を絶たない。また、株式市場関係者によると、公募増資の2、3日前から株価が下落する不透明な動きが観察されるという。株価が下落するタイミングは以前よりも遅くなったため金商法の改正が一定の効果を上げているものの、不正の根絶からはなお遠い。

形式だけの上場審査――FOIの闇

証券業界にとっては、株式の新規公開（IPO）は極めて有力な業務になっている。ビッグバンで株式売買手数料が激減するなかで、厚い手数料が稼げるためだ。顧客保護のための審査はIPO業務の一環だが、ディールにブレーキをかけかねないため形骸化していく。

2010年5月21日、東証マザーズに激震が走った。前年の11月20日に上場した半導体製造装置のエフオーアイ（FOI）が東京地方裁判所に対し破産手続き開始を申し立て、10年6月15日に上場廃止になった。上場からわずか半年強という、異例の実質破綻、上場廃止だった。社長だった奥村裕氏は同年9月に金融商品取引法の有価証券届出書の虚偽記載の疑いで逮捕されている。

市場が揺れたのは、上場半年での破綻、上場廃止によって、上場審査が形骸化しているのではないかと疑われたためだ。新規株式の上場に際しては、公認会計士が会計監査をし、主幹事証券会社が引き受け審査をし、さらに東証（自主規制法人）が上場審査をする建前になっている。また販売に当たる証券会社も、販売する新規上場株式について不正がないかを注意したうえで販売することになっている。

そうしたプロの業者などの何重ものチェックを経て実施されるため、上場された株式は信頼が置けるというのが制度の立て付けだ。投資家は素人であり、上場審査などの過程が正しいとの前提で株式を買っている。

もちろん企業を舞台に不正はよく起きる。株式を買った後、不正が発覚する事例は残念ながら少なくない。そうしたことも含めて投資は自己責任が問われる。それが株式投資の原則ではある。

とはいえFOIの問題は破綻、上場廃止が上場後わずか半年だったことだ。証券取引等監視委員会が2010年5月12日に、金融証券取引法違反の容疑で強制捜査に乗り出し、FOIが有価証券届出書等の虚偽記載を認めた。上場前に関東財務局に提出されていた2009年3月期の売上高は118億円だったが、実際は3億円だった。

上場後、1期もまともな有価証券報告書が出されておらず、投資家は判断材料すら提供されていなかった。投資は自己責任ではあるが、取引所のルールに則った決算が実施されるまでは、上場時の審査に頼るしかない。こんな短期間で破綻、上場廃止に至るような企業を本来上場させてはいけないのであり、それを防ぐのが主幹事証券や自主規制法人の審査の役割だが、それが果たせていなかったのだ。

しかも、このケースでは、FOIが上場を予定していた2008年2月の段階で主幹事証券のみずほインベスターズ証券（現みずほ証券）や東証自主規制法人に粉飾決算の内部告発文が届き、いったん上場申請が取り下げられている。さらに上場前の10月末にも粉飾決算の匿名の告発文が届けられたが、上場が強行された。その後の証券取引等監視委員会の調査で、内部告発の通りに巨額の粉飾が実施されていたことが明らかになった。

投資家は、重要な上場審査だから主幹事証券や自主規制法人は巧妙な粉飾でも見抜いてくれると期待しているものの、悪意のある粉飾の場合、見抜くのは難しい。ところが、このケースでは、内部告発があったにもかかわらず上場を許してしまった。上場審査などはザルといわんばかりに、FOIは主幹事証券の助けを借りて巨額の資金を投資家から調達した。主幹事証券は上場の幹事手数料を手にした。だが、半年後には投資家が購入したFOI株は紙切れ同然になった。

この件では、FOIの株価下落で損失を被った株主208人が損害賠償請求訴訟を起こした。問われたのは主幹事証券の責任だ。主幹事証券は開示書類が正確か、発行会社の説明が信頼できるかの裏付け調査をする注意義務を負っている。監査を経た財務情報であっても、その監査が信頼できるか審査する必要がある。内部告発が届くといった状況において、そうした注意義務に違反したとして、賠償を求められた。

東京地裁は2016年にみずほ証券（旧みずほインベスターズ証券）に対し金融商品取引法21条1項4号に基づく損害賠償責任を認め、3110万円の支払いを命じた。これに対しみずほ証券は判決を不服として東京高裁に控訴し、高裁は一審判決を取り消し、みずほに賠償責任はないとした。判決は、みずほ証券がFOIの取引先への調査で販売実績を確認しており、「通常要求される義務を尽くした」と判断している。

裁判の結果は、ＩＰＯの審査が形式的であっても、決められた手続きを踏んでいれば損害賠償責任を問いにくい現状を如実に示した。ＦＯＩでは売上高の多くが架空で、みずほが確認した販売はごく一部の架空でなかった取引先の事例だった。金融商品取引法で求められる「通常要求される義務」はその程度でいいということだ。

この事件の教訓は「ＩＰＯには注意しろということだ」と、ある司法関係者は指摘する。新規上場した企業が正しく開示しているのか、粉飾していないのかは、わからない。主幹事証券も東証の自主規制法人も、形式的に審査することになっているが、なかなか責任は問えない。投資家は粉飾があるかもしれないが、儲かるかもしれないと割り切るしかない。

責任は問えないのだから、粉飾に引っかかったら泣き寝入りだ。ＦＯＩ事件で東京高裁の判決があったのは２０１８年3月23日。上場廃止から実に8年近くがたっている。裁判に持ち込まれれば、紛争処理のプロを抱える証券会社の壁を超えることは簡単ではないことも明らかになった。

2　企業の隠す文化

改竄されていた品質――揺らぐメードインジャパン

「貯蓄から投資」では投資対象の企業でモラルが保たれていることが期待されている。ところが、古くから上場している名門企業でも顧客を欺くような不誠実な行為が繰り返されてきた。

日本の経済成長を牽引してきたのは自動車産業で、自動車株は投資対象としても日本を代表する銘柄だった。自動車メーカーは、高い技術に支えられた安価で高品質な車を売り物にしていた。ところが品質を支えるはずの検査で長期にわたって不正が実施されていたことが、２０１７年に明らかになる。

国土交通省は道路車両運送法に基づいて出した通達で、車両の完成検査は有資格者が実施すると定めている。しかし日産自動車は、１９７９年ごろから無資格者が完成検査に当たってきた。またスバルでも、無資格者が完成検査を30年以上前から実施していた。日産は１２０万台を、スバルは40万台弱をそれぞれリコールしている。ユーザーだけでなく、技術や品質を信じて投資していた投資家も長年にわたり欺かれ続けてきたのだ。

品質偽装は自動車業界にとどまらない。鉄鋼メーカーの神戸製鋼所では、１９７０年代からアルミ・同事業部の真岡製造所で品質保証室の一部のスタッフが、材料検査の結果が顧客仕様を満たさない製品について、引張強《ひっぱりつよ》さや耐力等の数値が顧客仕様を満たすように検査結果を書き換え、合格品として出荷させていた。こうした行為を同製造所は「トクサイ」と呼び実施していた。

品質に関する改竄・偽装はほかの部署やコベルコマテリアル銅管、神鋼メタルプロダクツなど子会社でも実施されており、品質が改竄された製品を利用していた顧客企業は、神戸製鋼の調査で５２５社に上った。さらに第三者委員会が調べると、利用顧客数は神戸製鋼の調査より１６３社多いことも判明した。

神戸製鋼所の製品は航空機や鉄道、自動車、さらには原子力発電所でも利用されている。日本の製品は性能が高く、安心安全だとされてきたが、その製品を支えている鋼材の強度自体が改竄されていた。同社製品は海外にも輸出され、幅広く使われていただけに、日本製品に対する信頼を世界的に揺るがすことになった。

また東レでは、子会社の東レハイブリッドコードでタイヤの形を保つための補強材の品質データを書き換えていた。社長直下の品質保証室が、１４９件のデータを書き換えた。東レは改竄という表現は使わず、一貫して書き換えで通している。また調査報告書で、補強材データについては、修理すると納期に間に合わないため、僅差の外れについては品質に問題はないとし、データを書き換えていたなどとする例を紹介している。

確かに東レの例は、人命にかかわる安全性に重大な影響を及ぼすものではないかもしれない。しかし東レは「企業倫理と公正」を掲げており、書き換えはそうした倫理に著しく反する。またこの不祥事の発覚当時の経団連の会長は東レの社長、最高経営責任者を歴任した榊原定征氏が務めていた。財界で最も権威の高いポストである経団連会長を出す企業グループでもデータ書き換え事件が起きたことは、日本製品の品質への国際的な疑念を強めることになった。

かつて製造業に関しては情報開示すら信用できないとされていた中国の人民日報は、２０１８年3月16日に中国証券報の報道として次のようなコメントを配信している。

「日本経済の失われた20年の間に、日本企業の多くは社員の士気が低下し、職業道徳が退廃する現象に見舞われた。社員の責任感も愛社精神もかつてとはガラリと変わり、日本の誇る匠の心も衰退した。表面的に競争力を維持するため、一部の企業はやむを得ず偽造という手段に手を染めた。匠の心による支えを失った日本製造業は、その輝きが失われつつある」

赤字を黒字に偽装——東芝の闇

日本企業の隠す文化は大きな問題だが、「貯蓄から投資」に関連してとりわけ深刻な影を落としたのが東芝の不正会計事件だ。かつて東芝で社長を務めた西室泰三氏は、その後、東証社長も務めていたが、そんな名門企業での不祥事だった。

２０１５年2月に証券取引等監視委員会の検査をきっかけに東芝で不正会計疑惑が浮上し、その後の第三者委員会の調査で多くの事業や関連会社で不正会計が実施されていることが明らかになった。

例えば、関連会社のＳＩＳ社が２０１３年9月に取引先のスマートメーター用の通信システム開発、スマートメーターの製造、保守などを３１９億円で受注した。この案件では9月の受注政策会議で80億円程度の工事損失の発生が予想されていたが、工事損失引当金を計上しなかった。見積もりの精度の甘さが原因で、ＳＩＳはそれを認識した時点で東芝の社長に工事損金引当金の計上を求めたが、承認されなかった。社長などに損失計上先送りの意図があったと思料されると、第三者委員会の報告書は指摘している。

そうした不適切な会計処理が多数積み上げられた結果、収益見通しは大きくゆがめられていた。本来なら2015年6月中に提出されるべき有価証券報告書は、2カ月余り遅れた9月7日にようやく提出された。2015年3月期の純利益は1200億円の黒字予想だったが、378億円の赤字とされた。

さらに東芝は2016年12月に、米国の原子力発電事業で数千億円の損失が発生する可能性があると発表している。ウェスチングハウス（WH）が買収したCB&Iストーン・アンド・ウェブスター社の資産価値が、想定を大幅に下回ったためだった。

この損失に関して東芝の監査法人が、損失はWHがCB&Iを買収した時点で認識できたはずだと主張。これに対し東芝は、妥当性を裏付ける証拠の慎重な確認に時間を要した。その結果、2016年度の決算を決算期末後50日内とされる期限を大きく超える8月10日に公表した。決算は純損益が9657億円の赤字というもので、債務超過に陥った。

日本取引所のルールでは2期連続して債務超過になると上場が廃止されることになるが、東芝はWH関連資産の売却と大型増資で、2018年3月期には債務超過を解消し、上場を維持した。

東芝は、会計不正で、赤字を黒字見通しとしたほか、2度も決算発表を期限内に実施しないなど、投資家の期待を大きく裏切った。とりわけ大企業の決算情報という株式取引の根幹にかかわる部分で不正が実施されていたことに関しては、国際的に日本の市場の信頼性を大きく傷付ける結果となった。

3　後手後手の消費者保護――置き去りにされた利用者

無視された付帯決議

「貯蓄から投資」を進めるに当たっては、マネーの所有者である利用者の意向を重視する必要がある。金融の活性化には新しい商品を生み出す規制緩和は必要だが、それをあらゆる手段を使って売り込もうとする業者から、利用者を守らなければならない。しかし業者行政の色濃く残る金融行政の枠組みのなかで、利用者は裏切られ続けた。

「いわゆる金融サービス法等の利用者の視点に立った横断的な法制について早急に検討を進めること」。1998年、東京市場の活性化を目指す金融システム改革法、いわゆるビッグバン法制の議決に当たり、付帯決議が付けられた。

ビッグバンは市場活性化のための規制緩和パッケージである。金融商品に関してはガチガチの規制から、「フリー（自由）」への転換が図られた。集団投資スキーム、資産担保証券など新しい金融商品販売への道が開かれた。規制の哲学も当局がはしの上げ下ろしまで指導をするものから、利用者の自己責任を問うものへと変わっていく。

行政スタイルが180度転換するからといって、利用者の考え方がすぐに180度転換するわけではない。しかし自由を手に入れた業者は、1000兆円以上のお金を保有する家計に襲い掛かった。

銀行は預金者に投資信託を販売した。預金は元本が保証され、口座維持手数料もかからない。資金を安全に確保し続けたい高齢者には好適だが、それを取り崩して投信を買うように勧めたのだ。買わされた投信は株式などの相場動向次第で大幅な元本割れもあるほか、毎年信託手数料も取られる。

しかも預金者の無知に付け込んで、インド投信などリスクの高い商品が売り付けられた。「利用者のために複数のリスクの違う投信を提示している」と自慢する銀行もあったが、提示されたのはインド投信、南ア投信、東欧投信などで、預金とは比べ物にならないリスクを投資家に押し付けた。将来の備えにと思っていた資金が、あっという間に半分になる例も出てきた。

新しい商品でも問題は続出した。外為業務が自由化され、外国為替証拠金取引（FX）が登場した。取引に関する業法がないままに、さまざまな業者が参入し、個人向けに営業を始めた。借りた資金で規模を膨らませて投資すれば、少ない資金で大きな利益が得られるが、相場が想定と反対の方向に動くと大きな損失を被るリスクの高い取引が流行した。

リスク説明がされないまま、儲かるからと多くの人が勧誘され損失を被った。利用者が取引の際に手数料をだまし取られるケースも続出した。付帯決議が無視されたことが、事実上の詐欺の犠牲者を増やし、自殺に追い込まれる人も出始める。ビッグバンには、利用者を犠牲にした業界振興策の暗い側面が付きまとった。

骨抜きの金融サービス法

付帯決議が形式上、実現するのは、2000年5月である。金融商品販売に関して、利用者保護を目的とする金融商品販売法が設けられた。1998年の金融システム改革法の成立から、ほぼ2年は利用者保護に関しては無法地帯のようだった。

新たに設けられた金融商品販売法は、付帯決議が求めた利用者保護の視点に立った金融サービス法制とは程遠かった。モデルとなった英国の金融サービス法は証券会社など行為者ではなく、そこで実施される販売などの行為に注目して横断的に規制する法制で、そのなかで幅広い業者が手掛ける活動からの利用者保護も徹底される。日本でも証取法、銀行法など業者行政をするための法制を抜本的に見直すべきだとの意見もあったが、自由化で収益性の向上を優先する証券界などが巻き返しに出て、結局、金融商品販売に関するルールに限定された。

新しい法律は、金融商品販売業者が扱う商品を対象に、販売業者の説明義務を明確にした。業者は元本割れの恐れがある金融商品については、販売時にその旨を説明しなければならなくなった。また、説明義務違反には損害賠償責任を課した。損害賠償の額は元本欠損額とされた。適切な勧誘を確保するため、業者の自主的な取り組みも促した。

しかし、業者の圧力に屈した形の金融商品販売法は不評だった。法律は最低限の説明義務を課したに過ぎず、求められた説明もあいまいだった。法律に関して宮沢喜一蔵相は「この法案で全部カバーされているとは思っておらず、なお改善する余地が将来に向かってあると思っている」と認めている。法律ができた当初から利用者保護の面で、穴があることを認める異様な事態だった。

金融商品販売法が成立して1カ月後の6月には、金融審議会が「業法に基づく当局の監督は、利用者の私法上の救済という面では不十分」と指摘した。プロである業者がぎりぎり適法な範囲で販売する商品を、金融リテラシーの低い利用者に口八丁手八丁で売り付ける行為を防ぎきれないことは明らかだった。また「業法適用のない分野では、利用者保護が十分に図られない」とも指摘した。外為証拠金取引での詐欺まがいの行為が増えるなかで、利用者が置き去りにされる恐れが認識されていた。

6月に金融審が問題として認識したさまざまな事態は、本来ならその1カ月前の法律に反映されてしかるべきだった。今なら金融審の議論や意見が隠蔽されていたのかと問題になりかねないが、金融審に矜持はなく、事後の問題提起でお茶を濁した。業者の「自己責任の時代」の掛け声のもとに不十分な法律だけが成立した。

不十分な金融商品販売法は現場レベルでさらに骨抜きにされる。適切な勧誘体制を求められた銀行や証券会社は、従来以上に商品の販売の説明が必要になった。しかしリスクを説明すると、商品が売りにくくなってしまう。金融に詳しい得意先からは、商品説明の時間が無駄だなどと批判されることもあった。

ただ、業者として説明が義務付けられている以上、形は作らねばならない。そこで業者が説明をし、利用者はその説明を聞きましたと明記した一枚紙を用意し、それに利用者のハンコをもらい始める。どの業者が始めたのかはわからないが、あっという間に多くの業者に広がった。ハンコさえもらえば法律違反に問われることはない――悪徳業者にとって利用者が商品内容を理解しているかどうかは関係なかった。

不招請勧誘の禁止はデリバティブズだけ――不十分な金融商品取引法

ビッグバンの法律である金融システム改革法の利用者保護を求めた付帯決議が、ようやく実現されたのは2006年。金融商品を横断的に律する仕組みだとして金融商品取引法が設けられた。ビッグバンがスタートした8年もあとだった。

株式、金融先物、外為証拠金取引、抵当証券、ファンド、金利・為替スワップなどが同じ金融商品取引法の対象になった。利用者から見ると、それまでは商品ごとに根拠法がまちまちだったのが統一され、わかりやすくなった。明確な監視体制がなくトラブルが絶えなかったファンドが規定されたことは大きかった。

業者にさまざまな行為規制がかけられた。顧客への取引の説明義務、契約前の重要事項の交付義務、顧客からの契約解除（クーリングオフ制度）、不招請勧誘の禁止、損失補填の禁止、知識や財産状況に見合った勧誘を求める適合性の原則の遵守などだ。見かけ上は、利用者目線で最低限必要なことが盛り込まれた。

ただ、金融に絡むすべての商品を包括した制度作りからは程遠いものだった。代表的な貯蓄商品である銀行預金は銀行法、保険商品は保険業法、商品先物は商品取引所法の適用をそれぞれ受け続けることになった。個人の金融資産の7、8割は依然として金融商品取引法の外に置かれたままだった。

招かれないのに勧誘する行為は不招請勧誘といわれる。金融商品の押し売りに当たる。これを禁止したのは半歩前進だが、その適用対象は店頭デリバティブズだけになっており、明らかに不十分だ。同じデリバティブズでも大蔵省・金融庁OBが天下る東京金融取引所は外為証拠金取引を手掛けているのに、不招請勧誘が禁止されていない。商品先物取引も数々の問題を引き起こしてきたにもかかわらず対象外だった。

適合性の原則が盛り込まれたことは進歩だ。投資家の理解度に適合した商品を販売することが適合性の原則で、投資家保護の基本だ。リスクがわからない人に、高リスクの商品を売り付けるべきではない。ただ適合性の判定は難しく、実施は業者任せ。投資勧誘の現場では高齢者はお得意さまで、判断力が落ちていても、本人も業者もそれを認めないまま、株式などが販売されていく。

ビッグバンも、金融商品取引法も基本は金融業の活性化が目的だ。業者も行政も、金融取引を活発にしたい。消費者保護は必要だが、そこに深く踏み込むと、金融取引にブレーキがかかる。制度整備では、消費者保護はおろそかになっていった。

ばらばらの利用者保護組織

金融行政が利用者の方を向いていないのは、国の組織の在り方にも表れている。金融庁は金融行政に当たっては欧米の進んだ制度を取り入れてきた。銀行などの規制で欧米に後れを取れば、それだけ日本勢の競争力がそがれかねないためだ。ただ、こと利用者保護になると、姿勢は慎重になる。

欧米は2007年のサブプライムローン危機、08年のリーマンショックを経て金融規制の在り方を一新し、その柱の1つに消費者保護の徹底を据えた。

危機の発端となったサブプライムローンは、信用力の低い個人向け住宅ローン。最初2、3年は利払いが極めて低く、その後利払いが急増する。銀行などが融資現場で所得が低く、金融の仕組みがよくわからない人に、当初の利払いの少なさを強調し契約を取り付けた。

しかもそうしたサブプライムローンはまとめて証券化され、新たな投資商品として投資家に販売された。融資した業者は融資リスクを投資家に転嫁してしまう。業者は甘い審査でも、自らにリスクが残らない仕組みだった。仮に金利が上がったあとに、借り手が利払いできなくなっても、価格が高騰を続けていた住宅が担保になっているため、何とかなるといった態度だった。

その後、実際に利払いができない人が続出し、借り手は担保住宅を処分するなどして、何十万人もが自宅を失う。差し押さえられた担保は価値が大きく下がっていた。そのため証券化商品の価格は暴落し、購入した投資家は大きな損失を被り、米国を揺るがす金融危機につながった。

このケースでは、金融リテラシーの低い人に十分な説明もないまま複雑な金融商品を売り込んだ業者の姿勢が問題になり、銀行を相手取った損害賠償を求める集団訴訟が起こされた。結果的に多くの銀行が、巨額の賠償金の支払いに応じている。

危機後に金融規制が見直され、消費者保護体制の確立が急務とされた。米国は2010年に成立したドッド・フランク法（包括金融改革法）に基づいて、11年に消費者保護を専門とする金融消費者保護局（CFPB）を設けた。

CFPBは消費者にかかわる事項について規制、監督権限を有し、住宅ローンや教育ローンなどの分野での規制作りに取り組んでいる。また利用者の金融アクセスの改善などにも取り組んでいる。

英国では日本の金融庁のモデルになった金融サービス機構（FSA）が金融監督を担当していたが、1世紀ぶりに取り付け騒ぎが起きるなど金融危機を防げなかった。そのためFSAを廃止し、金融機関の健全性規制に責任を持つ健全性規制機構と、それとは独立して金融機関の行為を監督する金融行為監督機構（FCA）を設けた。

FCAは消費者の利益にかなった競争の促進を掲げ、消費者が不公正な取引に巻き込まれないようにすることを目指している。金融機関の健全性の監督と、利用者保護のあいだで、利益相反が起きることがあるため、独立した組織にして利用者保護などがおろそかにならないように改革したのだ。

利用者目線を強く打ち出した英米に比べ、日本の対応は緩慢だ。日本では金融庁が銀行や証券会社を監督している。金融庁の前身の大蔵省のときから、しばしば業者行政といわれ、業者目線での監督になりがちだ。金融庁の銀行第1課はメガバンクなどを担当するが、健全性を監視する一方で、市場活性化の立場から業務推進を促したりもしている。

組織体制で見ると銀行第1課、銀行第2課、保険課、証券課など業者目線の行政は課で実施されているのに対し、消費者目線の唯一の組織である金融サービス利用者相談室は政策課のなかの室という一段低い位置付けだった。

さらに問題なのは、利用者保護を前提とする組織がばらばらになっていることだ。消費者保護に関しては、古くから国民生活センターが取り組んでいる。サラ金、外国為替証拠金取引などで、同センターに多くの苦情が寄せられ、それが消費者保護の枠組み作りにつながっていった。

ところが金融庁は独自に金融サービス利用者相談室を設け、苦情などを収集し、結果的に窓口を分散している。金融庁は苦情の情報などを行政に生かすとしているが、規制作りはあくまでも業者行政の一環として行われる。

本来は国民生活センターに、金融庁の金融サービス利用者相談室を統合し、金融行為に関しては規制権限を金融庁から移すのが望ましい。金融庁が発足に当たりモデルにした英国のＦＳＡは、利用者保護を徹底するため組織を再編しており、そうした利用者保護の制度改正もモデルにすべきだ。金融庁は２０１８年に設立以来の大幅な組織変更に踏み切ったが、残念ながら利用者を向いた本格的な組織体制は組まれなかった。インターネット上に公表された新しい組織図には、利用者相談室は記載もされていない。

日本の行政は、欧米のシステムをつまみ食いする形で都合のいいところだけ取り入れる傾向が強い。金融庁の権限維持に都合のいい英ＦＳＡの制度は採り入れ、英国がより利用者を向いた高度な組織に改めても、それを取り入れるそぶりもない。英国のＦＣＡのような組織を設けないと、消費者目線が徹底した金融行政はできず、利用者の金融に対する信用は高まらないだろう。

V

失政

欠けた成長加速への目配り

1　軽視されたマクロへの影響

海外に資金をいざなう投信──細る国内実体経済への資金パイプ

「貯蓄から投資」は日本のお金の使い道をゆがめた面がある。貯蓄を担った銀行は集めた資金を国内に還流させたが、投資の柱を期待された投資信託は資金を海外に流出させた。お金が国内で使われなければ、国内景気の浮揚には役立たないのは明らかだった。

古くからの銀行システムは、銀行が預金を集め、それを国内で企業向け融資に振り向ける仕組みだ。それを使った設備投資が、新たな雇用を生み、成長を促し、賃金水準を押し上げ、さらに貯蓄が増える好循環を生んだ。明治のころから日本が貯蓄を奨励したのはそうしたお金の好循環を作り出すことが狙いで、それが戦後日本の高度成長を支えた。

このお金を国内に還流させるメカニズムが揺らいでいたのは間違いない。たしかに旧来型の大企業はバブル崩壊で財務が悪化し、国内での設備投資意欲は低下していた。また円高の影響でそうした企業の新規設備投資は海外に向かっていた。銀行は設備投資のための融資をしたくても、企業自体が設備投資をしようとしないと強調した。

その時期から始まる「貯蓄から投資」促進策は、成長資金の確保を目的の一つに掲げていた。銀行融資が減っても、企業が市場で株式や社債を発行して設備資金を調達すればつじつまはあう。銀行経由の設備資金の流れが、市場に振り替わるだけだからだ。

しかしマネーは国内の設備資金の確保をベースに動くわけではない。「貯蓄から投資」の掛け声とともに、その有力商品として台頭したのは、おばけ投信といわれたグローバルソブリンだった。ただ「グロソブ」がお金を集めれば、その資金は欧州などの国債に投資され、お金は欧州などで活用される。国内株に投資する投信ならお金は国内での設備投資に回り、それが雇用や給与所得の形で国内経済活性化に資する。しかし海外投信の場合は、お金が流出し、直接には国内経済の活性化に資さない。

投信の内訳は、海外物が多かった。国内の株式相場は長く低迷し、有力な株式投信は育たなかった。公社債投信も国内物は利回りが低かった。それに対し海外株、海外ＲＥＩＴ、新興国のソブリンなどに投資する投資信託は見た目の利回りが高かったのに加え、販売手数料も高かったため、業者が販売に注力した。「貯蓄から投資」を推進すればするほど、貯蓄資金が海外に流出し、国内の経済活性化に回らないという皮肉な結果になった。

本来は、「貯蓄から投資」を考える際に、貯蓄が担っていた銀行経由で設備投資を促す役割をどう担保するかの議論が必要だった。当時バブルは崩壊したとはいえ、まだその余韻があり、真剣に国内の金融メカニズムを考え直す必要があるとの認識は薄かった。

それどころか、まだ日本は世界の大国だという意識が強かった。例えば蝋山昌一氏は90年代半ば、

「日本の貯蓄は全地球的な観点から効率的に使われ、貢献しなければならないのに、そうはなっていない」と指摘し、そのために金融改革を進める必要があるとしていた。

しかし海外での貢献の前に、まず日本経済と金融システムを立て直す必要があった。日本の経済がいつ治るか見通せない病を患っているのに、そんな実情を顧みないで貯蓄は全地球的な観点から効率的に利用するとの掛け声とともに「貯蓄から投資」が進められ、資金は海外に流れていった。

銀行融資も、株式や社債の投資も、ファンドによる投資も、それぞれ経済を成長させる重要な役割を果たしている。実体経済への資金供給という経済の重要な機能をどうするかという巨視的な議論抜きに、「貯蓄から投資」が進められた。そしてだれもその機能に責任を負わないまま、日本経済は低成長が常態化していく。

無責任金融の時代——証券化の罠

ビッグバンのなかで推奨された金融技術に証券化があった。資産を担保にした新しい有価証券を作り出す手法だが、日本ではうまくいかなかった。

証券化は米国で発展した金融技術で、企業などが保有する資産から生み出されるキャッシュフローを担保にした資産担保証券を発行して資金を調達する仕組みだ。証券化商品は企業が保有する資産（資産が生み出すキャッシュフロー）そのものが担保となっており、企業の信用力が担保となっている社債とは異なる。担保付きの銀行融資と社債発行の中間的な特色を持たせた金融技術だ。

日本にこの仕組みを持ち込んだのは、モルガン・スタンレー証券で活躍した赤井厚雄氏など外資系金融機関のバンカーだった。不動産価格が本来の実力を大きく下回っていたため、それを活用して高い利回りが享受できる資産担保証券を組成し、日本の機関投資家に運用商品として販売した。赤井氏は米国で証券化の最先端を走っていた金融機関で活躍していただけあって、日本のどの資産が証券化に適しているかを見抜いていたのだ。

この仕組みに関心を持ったのが日銀だった。２００３年に資産担保証券の買い入れを始めた。新規ビジネスなどへの関心が高かった福井俊彦総裁は「初期段階にある流動化市場をサポートする狙いがある」と言っていたが、本来の日銀の使命に沿っているかどうかは疑問だった。

日銀の試みは失敗する。米国では融資金利が高いため、それを証券化して、融資金利よりも低金利の資産担保証券を作り出した。それでも社債金利よりは高く、市場に受け入れられる余地があった。市場を通じ投資家にリスクを広く負担させることで、融資より低利の調達コストを実現していた。

日銀が資産担保証券の担保に想定したのは融資債権だが、日本ではその金利は社債金利よりも低い。そもそも証券化する経済合理性に乏しかった。市場は拡大せず、買い入れの残高は低迷を続けた。証券化が機能するメカニズムに対する根本的な理解が欠けていたのだ。

ただ日銀総裁が振興の旗を振っているとあって、金融審議会で活動する学者などが「貯蓄から投資」の流れをリードする新しい技術だと喧伝した。

日銀の稚拙な証券化への取り組みはともかくとして、証券化自体には多くのメリットがある。銀行が企業に融資する場合、個別企業に特有のさまざまなリスクがあり、それを銀行勘定で抱え込まなくてはならない。

それに対し証券化は投資ビークルが融資や不動産など資産を買い取って、それをまとめて小口化し、再販売するため、リスクは投資家が幅広く抱える。自己資本制約を抱える銀行が利用すれば、リスクを投資家に転嫁でき、自らは抱えるリスクを低減できる。

投資ビークルが融資などを買い取って、それを小口化する際に、リスクに応じた証券を切り出すこともできる。信用力の高い証券から、低い証券まで切り出せるため、さまざまな投資家の投資ニーズに合った金融商品を提供できる。

証券化の過程で、融資など資産の再加工、信用格付けの付与などさまざまな周辺ビジネスが生み出され、金融業の振興に資する面もある。

ただ、副作用も大きい。

融資の場合、銀行が融資した企業をモニターする。日本の場合、中小企業向けなどでは期間1年の融資を転がす形にするため、毎年、貸し先の経営内容をチェックすることになる。

それに対し、証券化では融資など資産の最終リスクを多くの投資家が取ることになる。しかも証券は複数の融資を集めたもので、資産内容がどの程度劣化しているのか素人には判断しにくい。

制度的には証券に格付けが付くため、格付け会社が担保の資産をチェックしている建前になっている。しかし資産担保証券の多くは何十、何百もの資産が束ねられており、格付け会社はそれを一つひとつチェックすることは物理的に難しい。そのため格付け会社は、業界動向や担保資産の全体の価格動向などを使うとともに、大数の法則を利用して、たとえ一つの資産が不良化してもそれを束ねたトランシュ全体の信用力に響かないように格付けを設定している。

企業側から見れば、直接融資した銀行にチェックされているのに比べ、ほとんど経営チェックは受けないようなものだという。そうしたなかで企業向け融資が急速に劣化すれば、証券化では対応が遅れることもあり得る。

前述したように米国で2007年に起きた信用力の低い個人向け住宅融資問題は、まさにそうした証券化の問題点が引き起こした危機だった。中小の融資業者が甘い融資判断で、当初の利払いが極端に低く、その後、利払い負担が増える融資を実施。それを業者が買い取って証券化し、格付け会社が高い格付けを付けて、金融機関が販売した。

融資は2、3年で急に利払いが増えたが、そうしたことは十分に説明されていなかった。業者は借り手がたとえ返せなくなっても、担保の住宅を処分させれば回収可能と考えていた。ところが住宅価格が下がったため、結果的に融資は不良化し、証券化商品は債務不履行となった。格付け会社が付けたトリプルAの格付けは、数ノッチ、場合によっては10ノッチ以上も引き下げられた。もちろん金融商品を購入した投資家も大きな損失を被った。

このケースでは、借り手は金融商品の購入者によっても、格付け会社によっても監視されない。リスクを取っているのは購入者だが、何十、何百と束ねられた住宅ローンの中身を見ることは不可能だ。格付け会社は担保不動産の信用推移を知る必要があるが、やはり束ねられたプールを細かくは見られない。

証券化は融資する銀行と、借り手のあいだの緊張関係を断ち切ってしまう。担保としてまとめられたプールの中身をだれも細かくチェックできない。そこにあるのは大数の法則を利用したリスク把握でしかなく、借り手に圧力はかからない。この仕組みには、貸したお金がどうなっているか見ない無責任金融の側面があるのだ。

ビッグバン以降の証券化の推奨は、仕組みの詳細を吟味しないで流行に乗ってしまう日本の金融界の特異性を見せつけた。ただ市場参加者が冷静で変なものに飛びつかなかったため、米国のような大きな被害が出なかったことがせめてもの救いだった。

2　金融を殺した低金利――日銀の失策

債券の魅力つぶした金融政策――株依存の資本市場活性化に限界

橋本政権が金融改革を考え始めた1995年は、「貯蓄から投資」が動き始めた年でもあるが、金融政策上も歴史的な節目だった。コスモ信用組合、木津信用組合、兵庫銀行が破綻するなかで、日銀は政策金利を0％台にまで引き下げた。その後、延々と続くことになる超低金利時代の幕が開くことになる。

この年の金融政策は記者としてつぶさに取材することができたが、眼前にあったのは政治に弱い日銀の姿だった。金利をめぐる暗闘は1994年から始まっていた。日本の景気自体は回復色を強め、日銀は利上げのチャンスありと見ていた。しかし95年に入ると日経平均株価は2万円近くから、3月には1万5000円台にまで下落。大蔵省は日銀に利下げを迫り、日銀は抵抗したが耐え切れなくなった。

まず3月31日に短期金利の低め誘導を発表した。期末の株価対策に全面協力するほど屈辱的なことは避けようと、まず利下げというタイトルを付けずに、「当面の金融調節方針について」という題で、公定歩合と整合的な範囲で短期金利を操作することにした。そして期が明けてわずか2週間しかたたない4月14日に公定歩合を年1・75％から1％まで引き下げた。期末に公定歩合を引き下げる最悪の事態を回避してもらうのが精いっぱいだったのだ。

0％が視野に入るこの利下げは、三重野康総裁によるバブルつぶしが行き過ぎたと日銀批判を強める自民党の圧力が背景にあった。政治の力に揺らいだ日銀の独立性は、その後、新日銀法の施行で強まったかに見えたが、本格的に回復することはなかった。景気が悪くなると、政治が金融緩和を期待し、日銀がそれにこたえる図式はこのころから定着する。

これ以降の金融経済政策の枠組みは、景気刺激策としての超低金利と、金融構造対策としての「貯蓄から投資」の推進の組み合わせになる。政策金利の引き下げに伴って、銀行の預金金利も引き下げられる。普通預金だけでなく、定期預金の金利もゼロに限りなく近づいていき、金利メカニズムを使って預貯金から資金を追い出し、投資に回そうとした。

しかし「投資」を促そうとする金融当局の思惑は外れることになる。国際的に見て投資は株式と債券が中心で、近年、投資信託やファンドなどが増えてきた。日本では制度設計の際、預金をいかにして株式市場に振り向かせるかが重視されてきた。日銀は超低金利で国債や社債、公社債で運用する投資信託の利回りを圧迫して、株式中心の振興策を後押しした。

ただもともと個人が銀行に預金しているのは、将来に対する不安などに備えるためだ。預金の保有者の6割以上は高齢者であり、大きなリスクを取りたくない。そうした預貯金の資金を振り向けるなら、債券やリスクの低い投資信託だ。しかし、政府も証券会社も個人の運用ニーズを中心には考えず、株式か株式で運用する投資信託への誘導を重視し続けた。保守的な個人がそうした誘いに乗らなかったのは当然だ。

株式振興だけを考えて超低金利にするより、ゆるやかな低金利にしておいた方が債券の金利面での魅力は残ったはずだ。債券の利回りが極端に押しつぶされなければ、預金代替となり得る金融商品が拡大する余地があったが、日銀の超低金利がそれをつぶした。「貯蓄から投資」というが、実際には超低金利で「貯蓄から株式」を促すことになってしまったのだ。

家計は所得移転の犠牲者に——消えた利息収入が消費抑制

もうひとつ超低金利で大きかったのは、預金者の利息収入の圧迫だった。１９８０年代には金利が高く、例えば１０００万円貯蓄すれば、年間40万～50万円程度の預金金利収入が期待できた。３０００万円の貯金があれば、年１００万円を超える金利収入が入ってくる。若いときにこつこつ貯蓄して、引退後は年金に加えその預貯金の金利収入を当てにしていた人も少なくない。

超低金利政策は預貯金金利を極端に圧迫した。政策的には調達が多い企業、負債が積み上がっている政府部門に延々と配慮し続け、個人部門から企業部門に巨額の所得移転を行った。

日銀の記者会見を聞いていると、松下康雄総裁までは利下げで「年金生活者に迷惑をかける」という配慮が感じられた。政策的な配慮のポーズだったかもしれないが、一応、個人を犠牲にしている事実に目を向けていた。ところが、そのあと日銀出身の総裁が３代続くが、所得移転で個人に迷惑をかけるといった配慮は全く感じられなくなった。

貯蓄による金利収入が見込めなくなった個人は、その分可処分所得が減ることになる。また高齢者は預貯金の金利収入を老後の備えに期待できなくなった。１９９０年代半ばは個人金融資産が１３００兆円程度といわれ、その半分の６５０兆円は預貯金だった。

仮に金利が１％高ければ毎年、家計の預貯金金利収入は６・５兆円増えることになる。その半分が消費に回るだけでも相当の効果になるが、そうした預貯金金利を経由した消費刺激は考慮されなかった。景気対策は国の事業、企業への補助金が主役というのが政府の考えで、個人はその資金を拠出する主体としてしか見られていない。

ただGDPのおよそ6割は消費であり、実際の景気対策は個人が消費を活性化しないと効果は限られる。超低金利策は、個人の預貯金金利収入による活性化が期待できない水準にまで下がった瞬間から、推力を欠いたものになる。

また超低金利を20年にもわたって続けたことで、その副作用がさらに大きなものになっている。とりわけ黒田東彦日銀総裁が導入したマイナス金利政策は長期金利の水準を力ずくで抑える政策で、その結果起きたことは、金融機関の体力低下だ。

銀行は低利で短期資金を調達して、比較的利回りが高い長期で運用することで、利ザヤを稼ぐのが基本のビジネスモデルになっている。ところが日銀のマイナス金利政策は、短期金利をマイナス0・1%、長期金利の水準を0%に押さえ付けるものだ。短期で調達すれば0・1%の利息を払わなければならず、長期で運用しても金利収入は見込めない。実際の融資は相手先の信用に応じて上乗せ金利を取るものの、貸出金の平均金利は都市銀行で0・8%を割る水準にまで下がっている。

体力低下が続けば、融資余力自体も揺らぎ始める恐れがある。超低金利は、銀行がその安定収益に支えられ、融資を出し、経済を刺激するパスを崩そうとしている。

超低金利が始まってほぼ四半世紀が経過したが、結局GDPはほとんど伸びていない。力ずくの超低金利で「貯蓄から投資」を促すのではなく、構造改革などを地道に進め、企業の魅力を増すことによって投資を促す政策に切り替えない限り、日本経済の本格再生は難しいだろう。

3　戦略なき金融行政の失敗

無視された銀行の成長資金供給機能――バランスを欠いた不良債権問題対応

政策的に見ると「貯蓄から投資」は、金融経済に大きな禍根を残した。間接金融から直接金融に円滑にバトンタッチされれば、金融が経済を支える力は落ちない。しかし実際には経済を支える主力の間接金融はないがしろにされ、それに代わるべき直接金融は期待ほど伸びなかった。全体の設計がうまくできないままだったのだ。

日本版ビッグバンを実施して以降、金融庁は投資の活性化を政策の中心に据えた。直接金融を振興するため、さまざまな政策が展開された。それに対して銀行を経由する間接金融については後押ししないどころか、縮減を促した。

不良債権問題は、過剰設備を抱えた企業と、そこに巨額融資していた銀行の両面の問題だった。銀行の不良債権対策だけでは不十分で、企業の3つの過剰――過剰設備、過剰負債、過剰在庫――の解消が喫緊の課題とされた。「問題の対策として銀行に求めるべきは融資の削減」との考えが強かった。

ただ実際には、日本では企業への資金供給の大宗を担っていたのは銀行だった。米国をモデルにした市場型の金融システムの基盤がほとんど整備されていないなかで、市場型への移行を進めるべきという理念先行の議論が横行した。市場型へ移行した場合、市場へのアクセスが限られる中小企業は厳しい状況に陥るが、その面での配慮は十分とは言えなかった。

このころ世界的には情報通信革命が起きており、新しい産業の潮流に対応するための投資が必要だった。日本は古い設備は過剰だったが新しい設備は足りなかった。企業は過去の債務、設備削減は必要だったが、借金をしてでも新たな設備投資をして、競争力を高める必要があった。しかしそうした方向への政策誘導はなかった。

日本ではあくまでも金融構造は間接金融中心であり、間接金融のテコ入れ抜きに、直接金融の振興を図っても、全体の底上げにはつながらない。全体として金融による景気押し上げの力は弱いまま、日本経済は低成長に甘んじることになる。

銀行の役割を無視したような議論がまかり通ったのは、銀行監督に絡んで不祥事などが頻発したことが大きい。1990年代半ばごろから大蔵省や日銀で銀行との癒着が疑われる不祥事が相次いだ。さらに大蔵省、日銀が監督していたはずの銀行や証券で破綻が続いた。そのため両当局への信頼が揺らぎ、1998年の国会では金融新人類といわれるような比較的若手の議員を中心にした勢力が金融再生のための法律作りに大きな影響力を持った。

金融新人類とよばれる議員は、金融に関する学者グループや、証券会社系のエコノミスト、外資系のコンサルタントなどの影響を強く受けていた。彼らの議論は米国の市場モデルに傾きがちで、マクロ経済への配慮は十分とは言えなかった。

その部分は従来、大蔵省、日銀が担っていたが、危機対応で本来果たすべき役割は果たせなかったのだ。接待汚職にまみれた大蔵省は、財務省と金融監督庁に分離された。日銀も新日銀法のもとでの新たな船出だった。松下康雄総裁の任期途中の辞任を受けて新日銀法に基づき舵取りをする総裁を、旧日銀法に基づいて選ぶ事態となった。大蔵省も日銀も、経済と真剣に向き合える状態ではなかった。

1998年12月に学者グループが金融再生法などの厳格適用、不良債権のディスクロージャーの徹底などを求めた緊急提言を出している。神田秀樹、伊藤隆敏、堀内昭義の各氏など政府の審議会で活動するメンバーなどが名を連ねていた。

それ自体は正しい行動だが、マクロへの影響として、間接金融の縮小は避けられないと指摘するにとどめている。また金融機関の経営についてはリストラだけでは生き残れず、前向きの戦略が必要だとしているが、具体論として「人員を削減する代わりに、平均給与をあげるべきだ」という視野の狭い提言になっている。

また金融庁は日本型金融システムと行政の将来ビジョン懇話会を立ち上げ、2002年7月に金融の在り方を提示している。そのなかで従来は銀行がリスクを取って融資することで産業を支えるモデルが成り立っていたが、そのシステムが持たなくなったと強調。そのうえで「人為的政策的に産業金融モデル離れを生じさせることが、将来ビジョンの実現につながる。銀行のポートフォリオを構成する主要な資産である貸出が証券化され、従来の預金がそこへの投資に振り替わるプロセスが安定的に推移すれば、個人の金融資産構成やマネーフロー構造の変革を通じて、強靭で高度なリスクシェアリング能力を持った金融システムへと再構築される」と指摘している。

懇談会では、銀行の中小企業融資に関して「ダブルBマイナスなど格付けの低い企業に対して、リスクをカバーできるだけの金利をチャージしていない。こうした赤字貸出をやめない限り、不良債権問題は永久に続き、一番の問題である国民負担が常態化することになる」など、収益性だけに注目し中小企業貸し出しをやめろと言わんばかりの議論が横行した。

マクロ経済との関係では議論は稚拙だった。日本では間接金融依存が圧倒的に高く、企業セクター、とりわけ中小企業セクターの銀行依存は強かった。依存が強すぎたのは事実で、依存率の引下げは必要だったが、依存度を引き下げたときのマクロへの影響を考慮していなかった。

懇談会のメンバーの認識は、銀行が担っている役割は市場が肩代わりすべきとのものだった。銀行がいったんとったリスクも証券化を通じて市場につなげればいいという議論だった。

確かに米国では資本市場が充実しており、それを活用して企業セクターにさまざまな資金が配分される仕組みが確立されている。しかし日本では、資本市場は未熟だった。証券化市場どころか、社債市場も規模が小さい。証券化はサービサーなどさまざまな周辺業者が必要だが、日本はそんな環境にない。

とりわけスタートアップ企業などは、銀行がほぼ唯一の資金供給者になってきた。これについても米国のエンジェルのような役割に期待しているが、日本にはそうした役割を担う個人投資家はほとんどいない。銀行の役割を肩代わる、市場は存在しないのだ。

受け皿がないまま、企業金融の大宗を担う銀行の役割を低下させれば、銀行が担ってきた経済活性化の役割はだれも果たすことがないまま、経済は停滞が続きかねない。

不良債権問題を起こした銀行への批判が強いなか、それが担っている役割の正確な評価ができていなかったのだ。ビジョン懇は金融庁幹部が自らの政策に協力的な学者などを集めて構成していたが、理論と融資の現場など金融の実態の両方に通じたレベルの高い人材はほとんどいなかった。

ある大手銀行の企画担当は「現実から遊離した提言は機能しない。（不良債権問題を引き起こした）我々が何を言っても聞かれませんがね」と冷ややかだった。抽象的な理念論だけが先行し、日本の金融風土に必ずしも適していない処方箋が描かれていく。

縮小均衡の経営健全化計画

銀行の融資にブレーキをかけたのは、公的資金投入時に作成を求められた経営健全化計画だった。不良債権に苦しむ銀行に対して、政府は１９９８年に公的資金を投入した。しかしこのときの投入は横並びで、しかも額が一行1000億円と問題の深刻さに比べて少なく、ほとんど役に立たなかった。実際、その後も、日本長期信用銀行、日本債券信用銀行が破綻し、国有化される。

より踏み込んだ対応が必要だと判断した政府は1999年、再び大手銀行に公的資金を投入した。銀行の再生を目指すには本格的な資本増強が欠かせないためで、投入規模は前年の数倍にも達した。前年に投入したにもかかわらず経営が安定しないのに加え、バブルに踊った銀行の救済に対する批判が根強いこともあって、政府は投入が安易な救済ではないことを示す必要があった。

そのため、投入に当たって政府は、各銀行に経営健全化計画の提出を求めた。銀行が苦境に追い込まれた背景には不動産の上昇にかけた放漫な経営姿勢があり、公的資金を投入された後も放漫経営を続けられては税金資金が無駄になるからだ。要するに銀行が反省しているという証しを明確にさせる意図があった。

金融再生委員会は公的資金の導入に関して「不良債権の償却による処理を進め、信用供与の円滑化を図るとともに、今後発生するリスクに対応するには十分な資本が必要だ。金融システムに対する内外の信頼を回復するためには、業務の再構築、リストラ、金融機関の再編を促す必要がある」と指摘した。

そのうえで経営健全化計画の改善点の評価項目を提示した。減点項目として有価証券の含み損処理の遅さ、役員数の増加、物件費の増加、遊休施設の処分（の遅さ）などが並んだ。また加点の項目は、人件費が削減されているか、役職員が削減されているか、物件費が削減されているか、平均給与額が十分減少しているか、などとなっている。加点項目のなかに「貸し出し総額が増額しているか」が入れられているが、全体としてはリストラの推進を強調する内容になっている。

実際に大手行から提出された経営健全化計画では、貸出総額は減額が見込まれていた。健全化計画を提出した大手10行の貸出金は、1998年3月末の268兆円から2003年3月末には253兆円に減る見通しになっている。

各行とも新たな不良債権の発生を抑え、信用回復が急務となっているなかで、貸し出し維持をという要請にはこたえられなかった。

例えば中堅中小取引に強いとされてきた住友銀行は、それまで中堅中小企業取引については国内284店でフルバンキングの体制で対応してきたが、経営健全化計画で全国110カ所の法人部による推進体制に改めた。対応窓口を減らしたのだ。

中小企業オーナーとの取引はメーンビジネスと位置付けるとしているが、企業の資金繰りに応じた小口融資については信用保証協会の保証を活用するとしている。取引に当たってはクレジットスコアリングを活用して審査プロセスを見直すとしており、格付けが低かったり、取れなかったりする中小企業には厳しい内容になっている。

さらに「ぎりぎりまで支援策を考えても限界があるケースが出てくる。そうした場合は残念ながら融資を継続できないこともある。それは貸し渋りではなく、銀行経営の健全性の維持、リスク管理でやむをえないので、ご理解を賜りたい」と表記している。

経営健全化計画は、国民に公的資金の投入の理解を得るための舞台装置でもあった。バブルに踊り、不良債権の山を築いた銀行の責任を問わないで、税金資金の投入を容認することはできなかった。

銀行側からするとリスク管理の強化が要請されていた。多くの銀行が同じ財閥系で経営が安定している有力企業との取引維持に注力した。中小企業向け融資のリスクを取る余裕はあまりなく、新しい厳格な審査基準を適用すると中小企業融資は減らさざるを得ないという結論だった。

米国ではエンジェルと呼ばれるスタートアップを支援する投資家や、中小企業融資に特化したノンバンクが数多く存在していた。そうした環境がない日本で中小企業向けの有力資金供給者だった大手銀行が、中小企業から離れていくこととなった。

愚策・金融検査マニュアル――中小融資を圧殺

経営健全化計画は公的資金を受ける条件であり、公的資金を返済すれば、そのくびきから抜けられる。それに対し、危機後に設けられた金融検査の仕組みが、公的資金返済後も銀行を厳しく縛ることになる。

間接金融を大きく縛ったのが「金融検査マニュアル」だった。銀行は当局の厳しい検査を受けており、それに従わないわけにはいかない。マニュアルはいわば銀行の行動指針となるものだが、実はそのなかに大きな落とし穴があった。この罪の大きさは、想像をはるかに超えるものだった。

検査マニュアル作りは、1998年6月に発足した金融監督庁が取り組んだ。当時、日本の金融は危機に陥っていた。大手金融機関が連鎖破綻し、大蔵省・日銀は不祥事に揺れていた。大蔵省から金融関係部門を切り出す形で発足した金融監督庁は、銀行を監督して健全性を回復させる必要があった。

金融監督庁を率いることになったのは日野正晴氏だった。最高検察庁公安部長、名古屋高等検察庁検事長などを歴任し、初代の長官に就任した。接待汚職にまみれた大蔵省から分離する金融監督庁のトップに大蔵官僚を起用することはできず、金融法が専門の国際派検事がその任に就いた。日野長官は「自己責任原則を徹底するとともに、市場規律を重視するため、裁量的なもの、不透明なものを極力排除する」と強調。腐ったシステムの立て直しには打って付けの人物だったが、のちに「失われた10年」といわれる時代のとば口に立っているとの認識はなかったようだ。

マニュアルという具体的な形式が浮上したのは、政府・与党金融再生トータルプランの第2次取りまとめだった。検査・監視・監督のための体制強化策として、外部のノウハウを取り入れた検査マニュアル及びチェックリストを整備することになった。

それを受け金融庁は8月25日に金融検査マニュアル検討会を立ち上げる。座長には岩原紳作・東大教授が就任し、日銀出身でのちに逮捕される木村剛ＫＰＭＧフィナンシャル・サービス・コンサルティング社長、さらに銀行の企画担当者や公認会計士がメンバーに入った。

検査マニュアルでは債務者区分の仕方が提示された。例えば要注意先については「金利減免・棚上げを行っているなど貸出条件に問題のある債務者、元本返済若しくは利息支払いが事実上延滞しているなど履行状況に問題がある債務者のほか、業況が低調ないしは不安定な債務者又は財務内容に問題がある債務者など今後の管理に注意を要する債務者をいう」とされた。

また破綻懸念先については「現状、事業を継続しているが、実質債務超過の状態に陥っており、業況が著しく低調で貸出金が延滞状態にあるなど元本及び利息の最終の回収について重大な懸念があり、従って損失の発生の可能性が高い状況で、今後、経営破綻に陥る可能性が大きいと認められる債務者をいう」とされた。

そのうえでそれぞれのリスクに見合った貸し倒れ引当金を積むよう求め、検査でその妥当性が検証されることになった。引当率については、マニュアルを踏まえ、銀行は要注意先のうち一部もしくは全部が「3カ月以上延滞債権」または「貸出条件緩和債権」に該当する債務者の債権（要管理先）については、15％を計上する方向となった。破綻懸念先の引当率は70％とされた。

銀行の当時の中小企業向け貸出金利は年2～5％程度。要注意先の引当率は3％程度で引き当ててもかろうじて採算が取れるが、要管理になり引当率が15％に上がると採算が取れなくなる。そのため銀行は、要管理になった企業に追加融資ができなくなった。要注意先についても、要管理予備軍として慎重な対応を余儀なくされた。

赤字企業への対応も厳しくなった。マニュアルで赤字企業については要注意先にしなくていい条件が、①5年以内の創業赤字で当初計画と乖離がない場合、②赤字の原因が固定資産の売却損など一過性のもの、③中小・零細企業で債権回収に問題がないと判断されるもの——とされ、その基準で検査が実施されることになる。この基準を満たさない赤字企業は要注意先となるため、銀行が融資してきた赤字企業のかなりの部分が要注意先となった。

とりわけ創業期の企業は赤字が続くのは当然だ。需要はそう簡単に読めるものではなく、当初計画と乖離するのは珍しいことではない。マニュアルは事実上、そうした企業への融資の道を閉ざすものだった。

このマニュアルが作成された当時、すでに銀行による貸し渋りが問題になっていた。そのためマニュアルには「中小・零細企業の特性に配慮した査定の検証を行うこと」とされていたが、実質的には個別配慮は十分には実施されていなかった。このため2002年2月に「金融検査マニュアル別冊（中小企業融資編）」が作られ、中小企業については表面的な財務状況だけでなく、経営実態を把握して、柔軟に対応するように促している。

また2003年には、金融庁は地方の中小企業への円滑な資金供給体制を整備する目的で、顧客との関係強化を促すリレーションシップ・バンキングの推進プランを打ち出した。中小企業金融の取り組みの強化や、創業・新事業支援機能の強化などだ。その時点で当局はある程度、銀行が中小企業金融に果たす役割を認識しており、それに向けた対策作りへの配慮が全くなかったわけではない。ただ銀行界から金融庁を見たときに、厳しい資産査定を求める姿勢に大きな変化は感じられなかった。

金融庁は２００２年に金融再生プログラムで主要行の不良債権比率を２００５年までに半減させる目標を打ち出した。都市銀行は計画策定時には激しく反発したが、計画が示されると公的資金を投入されている手前、従わざるを得ず、不良債権の売却、不良債権につながりかねない新規融資の抑制姿勢を鮮明にする。赤字企業に対しては創業赤字であろうとも、融資には尻込みした。

さらに当時、金融庁の検査局は銀行の健全化を最重視し、厳しい検査に力点を置いていた。ベテラン検査官の目黒謙一氏は制度の枠組みに沿った厳しい資産査定を求めることで知られ、銀行界では同氏が検査担当になると銀行の不良債権が大幅に増えるとまで恐れられていた。銀行とすると中小企業配慮やリレーションシップ・バンキング強化を求められてはいるものの、実際、厳しい検査官が検査に入り、健全性で問題ありと指摘されると経営的には大きな痛手になる。融資推進のエンジンはかからなかった。

この間の銀行の貸し出しの推移を見ると、検査マニュアルの検討が始まった１９９８年夏の貸出残高は５１５兆円だったが、２００５年半ばには３７５兆円まで減少する。減少額は１４０兆円にも上る。このうち不良債権の処理に伴う融資減少が含まれるが、赤字企業への融資などを抑制したことによる融資減も大きかった。検査マニュアルの影響は激烈だった。

業態別に見ると、都市銀行などは１９９８年の３３０兆円から２００５年の２０５兆円まで１２５兆円も減少した。検査マニュアルが直撃したのは都市銀行で、その中小企業向け融資が最も厳しい影響を受けたのは首都圏の中小企業が集まる工業地帯などだと見られる。一方で地方銀行は、185兆円から171兆円まで15兆円の減少にとどまった。地方銀行は不良債権の影響が都市銀行に比べ小さかったのに加え、リレーションシップ・バンキングなどによる融資促進が一定の効果を上げた。

都市銀行はその後も融資の抑制姿勢を続け、融資額は2012年半ばに195兆円にまで落ち込む。その後、やや復調傾向が見られ、2018年6月末で211兆円まで盛り返しているが、ピーク時より大幅に低い水準だ。一方で地方銀行は2008年には1998年水準を回復。その後も安定的に融資を伸ばし、2018年6月末の水準は244兆円と、都市銀行の融資額を大きく上回っている。

2018年6月末時点の銀行貸出残高は456兆円で、検査マニュアル導入の検討が始まった1998年半ばの515兆円から依然60兆円下回っている。不良債権問題が終わっても検査マニュアルが掲げ続けられたことが、赤字企業やスタートアップ企業への資金供給を妨げ続けた公算が大きい。

欧米では情報通信分野で新規の企業が創業し、産業構造が急速に変わっていった。米国では時価総額上位企業の顔ぶれが大きく変わり、上位には新興のアルファベット（グーグル）、アマゾン、マイクロソフト、フェイスブックなどが並ぶようになったが、日本の株式時価総額上位の顔ぶれはあまり変わっていない。赤字企業やスタートアップ企業に資金を流せない仕組みが、情報化社会への対応の足を引っ張ったのは間違いない。結果的には、検査マニュアルは産業社会の大きな変化への対応を妨げた愚策となった。

VI

反省

問い直された「市場」

1　収益至上主義の見直し

危機下の欧米が先行――規制再強化に舵

「貯蓄から投資」の流れは本格化しないどころか副作用も表れ始めた。モデルだった欧米ではサブプライムローン危機、リーマン危機が起きて、緩和一辺倒だった金融規制は再強化に向かい始めた。規制緩和を掲げてきた金融庁は先輩の業績を否定することになる方向転換には慎重だったが、政治主導で路線の見直しが始まる。

貯蓄を担ってきた郵貯の在り方をめぐる自民党内の対立は、郵政民営化に反対する一部議員の離党を招くに至った。２００５年8月に離党した綿貫民輔、亀井静香氏らが国民新党を結成する。人気が高かった小泉首相の郵政改革路線を厳しく批判する国民新党は、規模が小さかったこともあり、当初、影響力はほとんどなかった。しかし、２００９年8月の衆院選挙で自民党が惨敗し、民主党政権が誕生、国民新党は社民党とともに連立与党として政権に加わった。

亀井氏は内閣府特命担当相（金融担当）になり、郵政改革の担当も兼ねた。鳩山政権について亀井氏は「弱肉強食、市場原理至上主義の小泉政治をきちんとやり直す」ということで出発しているとしたうえで、金融商品取引法、郵政改革、中小企業向け金融の在り方などの見直しに着手した。

この亀井氏による路線変更は、日本では批判的に受け止める人が多かった。政府に任せるよりも市場に任せる方が、効率的に資源が配分されるという考え方は、金融庁にも幅広く浸透していた。ただ、世界に目を転じると、この20年、政府が基本的な指針としてきた市場主義の考え方は大きな転機を迎えていた。

民主党政権が発足する2年前の2007年には、米国で信用力の低い個人向け住宅融資（サブプライムローン）問題が起きている。金融機関がまともな説明もなく、個人に後で利払いが大幅に増える住宅融資を出し、それを担保に証券化商品を組成して、一部は最上級格付けだとして投資家に売っていた。収益至上主義が金融機関を詐欺的な営業活動に駆り立て、それが、住宅価格の下落とともに行き詰まったのだ。翌年9月にはリーマン・ブラザーズが破綻する。規制緩和と市場主義が行き着くところまで行って金融危機が発生したのだ。このため米国の金融当局は、米大手金融機関に公的資金を投入して救済した。

米国、英国、欧州連合は危機の再発を防ぐため、それぞれ金融規制緩和の方針を転換して、規制強化に舵を切った。監督当局で構成するバーゼル委員会は自己資本比率規制を大幅に拡充強化するバーゼルⅢをまとめ、米国も銀行の過度のリスクテークを抑制する金融改革法を施行した。日本で異端視されていた亀井氏の主張は、実は欧米で強まりつつあった行き過ぎた規制緩和・市場主義を見直す流れに沿ったものになっていた。

モラトリアムの衝撃

亀井氏は前述したように郵政の在り方を見直すが、それとともに銀行の在り方にも大きな変更を迫った。その象徴となったのが、通称「モラトリアム法」といわれる中小企業金融円滑化法だった。鳩山政権発足とともに、金融界は亀井ショックに揺れることになる。9月16日の就任記者会見で亀井氏は、銀行による貸しはがしで企業がどんどん倒産しているとしたうえで、「3年くらいは借入金の返済を猶予する措置を取るべきだ」と強調した。

これに金融界や学者、エコノミストなどが「関東大震災後のモラトリアム（支払い猶予）を想起させ、資本主義の枠組みを逸脱している」と気色ばんだ。同日記者会見した小川是・地方銀行協会会長はやや険しい表情で「貸し渋り貸しはがしなどの状況にはない」と、監督官庁の長である亀井氏に反論。翌17日には株式市場で銀行株が急落する。

亀井氏は9月18日に金融庁で開いた会見で平然とした表情で「社会的責任をきっちりと果たしながら仕事をやっていくという基本姿勢がなければ金融機関としての役割を果たせない。この7、8年、そのあたりの点について、モラルハザードが起きているのではないかなと疑わざるを得ないようなマターが相当ある。中小・零細企業が、金融面でもしっかりと安心して経営していく状況をつくることに、金融界全体がやはり配慮していかないと。利益を上げるということも大事だけれども、同時に、国民経済全体に対して責任を持つということが経営姿勢の根幹になければいけない」と言い放った。

モラトリアムという言葉の威力はすさまじかったが、亀井氏はしたたかだった。当初から強権発動的な表現は避け、法案も債務者からの申し出を受け、銀行が融資条件の変更に努めるとした。債務に保証を付けて、銀行の不良債権増も防ぐ。

学者などは過剰な反応を見せたが、政治の目線からは亀井氏が突出しているわけではなかった。衆院選のマニフェストで公明党は元本の猶予返済など既往債務の条件変更への積極的な対応を打ち出していた。社民党は貸し出し条件の緩和は銀行の不良債権に該当しないように徹底するとしていた。民主党は使い勝手のいい特別信用保証の復活を約束し、共産党も緊急保証制度の対象の拡大や、審査条件の緩和をうたった。自民党ですら緊急信用保証やセーフティネット貸し出しで貸し渋り・貸しはがしを防ぐとしていた。

与野党問わず、ほとんどの政党が政府保証の柔軟適用を求めていた。実質的な保証対象を従来の新規融資から既存融資に拡大すれば、貸しはがし対策になる。借り手から見れば、最長3年の支払い猶予保証という国民新党の公約も守られることになる。

もちろん保証が焦げ付けば国民負担になる。その点はそれまで実施してきた特別保証や、緊急保証も同じことだ。新しい法案はセーフティネットの一種という位置付けで、安易な適用さえ回避できればそれなりの効果は期待できた。

問題は亀井氏ではなく、与野党からこぞって不信感を持たれた銀行の融資行動だった。前年秋以降、メガバンクは大手企業向け融資を増やす一方、中小や地方の企業向け融資を減らした。融資額全体は増えたため銀行は貸し渋りを否定したが、実際には貸し渋りにあった中小企業の資金繰り破綻が相次いでいた。

亀井氏からの批判に対し全銀協の永易克典会長は9月24日に「銀行の貸出の原資は預金だ。原資は皆さんの預金で、銀行のものではない。したがって、預金者に対する配慮も必要だ。また、銀行は株式会社だ。ステークホルダーに責任を果たしていくことが経営の役割で、一方的な議論は取りづらい。モラトリアムは、戦前に2回ほど発動されている。ただ、対象は非常に限定されていた。自由主義経済のもと主要国で一律的かつ長期に亘るものは、発動例がない」と亀井氏を牽制した。

ただ銀行の主張に説得力はなかった。大手銀行は不良債権問題の際に公的資金で救済され、メガバンクがようやく公的資金の返済を終えた段階だった。しかもメガバンクは10年ものあいだ法人税を払っていなかった。自らは守られながら、危ない企業はさっさと見捨てる銀行への怒りは、亀井氏だけでなく、政界全体に渦巻いていたのだ。

結局、亀井氏が主導した「中小企業金融円滑化法」が成立、施行された。その内容は、「金融機関は中小企業または住宅ローンの借り手から申し込みがあった場合には貸し付け条件の変更を行うように努める」「条件変更を行っても不良債権に該当しない要件を拡充する」「金融検査マニュアルにおいては、金融機関によるコンサルティング機能の十分な発揮を柱とする金融円滑化編を新たに設ける」「金融機関の社会的責任をより重視する検査・監督を行う」などが柱となった。

立ち直るめどが全く立たない企業はともかく、少し手を差し伸べれば再生の可能性がある企業を救えるのは間接金融の特徴だ。「貯蓄から投資」、すなわち間接金融から直接金融への掛け声のもと、そうした間接金融の重要な役割がないがしろにされてきた。金融担当相からイエローカードを突き付けられる前に、銀行や金融庁の事務方がもっと知恵を絞る必要があった。

金融庁に亀井ファン

亀井氏による路線転換は、金融庁にも大きなショックをもたらした。金融庁は竹中金融担当相のもとで始まった不良債権処理路線を基本的に踏襲してきたが、まったく違う考えの亀井氏が担当相になったためだ。

就任早々、金融庁の職員を前に「私の方針に全部賛成ではないかもしれないが、まあまあかなという人は、持っておられる能力をぜひいただきたいと思っているし、基本的な考え方に相入れないというのであれば、去っていただければよい」とまで言ってのけたのだ。

しかも、亀井氏が実施しようとした中小企業向け債務返済の円滑化対策に関しては、それまでの金融庁の行政を支えて来た金融審議会で活動する学者などがモラトリアムだと批判。市場経済を支える金融システムを構築するのが役割だと考えていた金融庁の役人は動揺した。

金融庁のエリート官僚にとって、こわもての亀井氏は違うフィールドの人物に映っていた。個人的に意見を聞くと「当面は面従腹背。役人はつらい」と嘆く中堅幹部もいた。

ただ、中小企業金融円滑化法が成立するころになると、金融庁の役人も変わり始めた。亀井氏の物事の進め方は強引なところがあるが、金融危機を経て欧米では金融行政の目線はより庶民に向けられるように変わっていたのだ。

2010年に入るころから、一部の金融庁の官僚が「手法は強引だが、やっていることは間違っていない」と亀井氏を評価し始める。もちろん役人として担当相を支えなければならないので、いつまでも裏で批判は続けられないという面もあったが、その前までの金融行政が市場主義に傾き過ぎていたとの反省も芽生え始めていた。

鳩山政権は普天間基地問題の混迷などもあって8カ月で総辞職した。亀井氏は最後の会見で「金融庁もびっくりしたでしょう。小泉・竹中路線でやってはいけない仕事をやらされてきたわけですから。職員も徹夜してまで協力してくれまして、だいぶ金繰りが、中小・零細企業、商店やサラリーマンは楽になっている。社会的責任を果たしながら仕事をしなければいけないという気持ちが、だいぶ金融機関に浸透してきた。金融行政が新しい時代に合った形で根付きつつあるという状況であると思います」と言い残して金融庁を去った。

亀井氏が導入した中小企業金融円滑化法には功罪両面がある。

功は市場主義に傾き過ぎていた金融機関の行動や金融庁の行政姿勢を、国民目線に引き戻したことだ。中小企業円滑化法自体も、リーマン危機の影響が波及してきた日本経済には必要不可欠なものだった。リーマン危機に対して日銀などの対応が必ずしも十分とは言えないなかで、景気の底割れを防ぐ役割を果たした。

罪は企業にモラルハザードを生じさせたことだ。中小企業金融円滑化法は本来、危機対応の時限立法だったはずだが、亀井氏が金融庁を去ったあともずるずる延長された。結局、終了したのが2013年3月末になったが、金融庁はその後も「検査・監督を通じて金融機関に対し、関係金融機関と十分連携を図りながら、貸付条件の変更等や円滑な資金供給に努めるよう促す」としたのだ。

危機対策として企業を救済するのは政府として必要だ。また、銀行の事情による強引な貸しはがしなどはやめさせねばならない。かといって、すべての企業からの融資延長要請を受ければいいというものではない。貸しても再生が不可能な企業に運転資金を貸し続けると、その企業の倒産は避けられるかもしれないが、じわじわ体力が消耗して、いずれ倒産に至る。

平時において、時代から取り残されたり、競争に敗れたりした企業の破綻を先送りすれば、企業の新陳代謝が遅れてしまう。銀行などがよく企業の実態を把握して、どう考えても融資が将来の再生につながらないと判断したら、つぶす必要がある。企業はそうならないように努力する必要がある。しかしずるずる延ばされた中小企業金融円滑化法は、そうした本来市場が内包する新陳代謝の役割を封じてしまった。

銀行の存在意義は決済の安定と中小企業への資金供給にあるというのが、欧米の常識だ。不良債権問題対応で、銀行にも金融行政にも、その常識を顧みる余裕がなかった面もある。亀井氏の在任は8カ月と短かったが、銀行の役割を考え直すきっかけとなった。

その後、政権は再び自公連立に戻ったが、金融庁内に銀行の在り方を考え直す機運は残った。それが「貯蓄から投資」路線の見直しにつながっていく。

2 投資市場への日銀の直接介入

始まりは臨時異例の措置――震災で長期化

「貯蓄から投資」の立て直しが必要との認識は、関係者のあいだで強まったものの、その手法は強引だった。課題だった「投資」のテコ入れに動いたのは日銀だった。日銀が直接介入して株価が下支えされる仕組みが設けられ、市場はゆがみが拡大していく。

2009年に発足した民主党を中心とした連立政権は、菅直人首相のもとでの10年7月の参院選で敗北。予算以外の法案の国会通過が難しい状況となり、経済の閉塞感が強まっていた。そうしたなかで日銀は10年10月5日に包括的な金融緩和を実施し、その一環として資産買い入れ基金を設ける検討を始めることを明らかにした。

資産買入等の基金は日銀のバランスシートで、国債のほか、コマーシャルペーパー（CP）、社債、指数連動型上場投資信託（ETF）、不動産投資信託（J-REIT）など多様な金融資産の買い入れを実施するとともに、固定金利方式・共通担保資金供給オペレーションを行うことが目的とされた。

日銀は「短期金利の低下余地が限界的となっている状況を踏まえ、金融緩和を強力に推進するために、長めの市場金利の低下と各種リスク・プレミアムの縮小を促していくこととした」と説明している。特に、リスク・プレミアムの縮小を促すための金融資産の買い入れは異例性が強く、臨時の措置だと強調した。

同月28日に実際に基金を設けることとし、その内容を公表した。それによると基金は35兆円と一定の規模を確保したものの、基金による資産買い入れ額は5兆円で、うち国債が3・5兆円。異例だと強調していたETFは４５００億円だった。これは時価総額の0・1％程度で、市場の期待外れの規模にとどまった。

さらに２０１１年3月11日に東日本大震災が起きる。日銀は14日の政策決定会合で基金の規模を35兆円から40兆円に増額。ETFの購入額を４５００億円増額することにした。購入額は９０００億円と倍増したものの、発射台自体が低く、１００年に1度ともいわれる震災対応としては腰が引けていた。

一連のETF購入は、国債など信用リスクが低いものしか買えないとしてきた日銀にとっては大きな政策変更ではあったが、具体的な内容はそれまでの小出しでのらくらと緩和圧力をしのいでいく戦略の延長でしかなかった。

当時、日銀の審議委員には東京電力副社長を経て、２０１０年７月１日に着任した森本宜久氏がいた。東電や電気事業連合会で原発は安全だとして推進に携わってきたが、東日本大震災の際、東電の福島第一原子力発電所でメルトダウンが起きる。森本氏は審議委員に居座った。

福島の問題で経済の先行きに対する不安感が強まっているのに、原発推進を訴えてきた審議委員を擁したまま、金融緩和は中途半端にとどまった。さらに震災後は天皇陛下や政治家、政府関係者が頻繁に被災地入りしているが、全国各地で講演している日銀の審議委員が被災３県で初めて講演したのは、地震発生から２年以上が経過した２０１３年７月の佐藤健裕氏の福島での講演だった。政界などからの日銀を見る目は厳しさを増していった。

安倍政権に屈し限度額、期限を明示せず

２０１２年12月16日の衆院選挙で自民党が圧勝し、同月26日第２次安倍内閣が発足した。安倍氏は日銀には批判的だった。かねて２００６年のデフレ下で福井俊彦総裁が実施したゼロ金利解除を疑問視していた。物価目標を掲げて金融政策を行うインフレターゲットに消極的な点も問題視し、選挙では２％のインフレ目標を掲げていた。

安倍政権の発足に危機感を強めた日銀は12月20日、首相の就任前にもかかわらず、追加緩和を決めた。資産買い入れ基金は１０１兆円まで増額することとし、そのなかでのＥＴＦの購入額も２・１兆円まで増額した。またインフレターゲットに関しては、そうした言葉は使わないものの「日本

銀行が金融政策運営に当たり目指す中長期的な物価の安定について検討を行う」とした。安倍氏に恭順の意を示そうとしたのだ。

首相に就任した安倍氏は、金融緩和、財政政策、規制緩和を3本の矢と位置付けデフレ脱却に取り組むと宣言した。日銀にとっては驚天動地の出来事だった。歴代の政府は裏ではともかく、表向きは日銀の独立性を尊重し、金融政策には直接介入しない形をつくろってきた。ところが安倍政権は主要政策の、それも第一の柱に金融政策を位置付けたのだ。

さらに日銀は内閣府、財務省とともに2013年の1月22日に「デフレ脱却と持続的な経済成長の実現のための政府・日本銀行の政策連携」と題する共同声明を出した。首相の側近らが日銀に2％のインフレ目標を約束させようとして、共同での取り組みを明示させたものだ。「日本銀行は、物価安定の目標を消費者物価の前年比上昇率で2％とする。日本銀行はこれをできるだけ早期に実現することを目指す」とした。インフレという言葉はイメージが良くないため物価安定の目標とされたが、事実上、インフレターゲットだった。

旧来からのインフレへの嫌悪感、日銀の独立性などに強いこだわりを見せた白川方明総裁は、任期満了を待たずに退任した。安倍首相は新しい執行部に元財務官の黒田東彦総裁、リフレ派の学者である岩田規久男副総裁らを選出し、新執行部は4月に異次元と呼ばれる大規模緩和を打ち出した。

マネタリーベースを操作目標とする量的金融緩和で、マネタリーベースの年間増額目標を60兆～70兆円と設定。その手段として毎年国債を50兆円、ETFを1兆円それぞれ、物価が2％に達するまで購入することにした。

これは大きな政策転換だった。それまでのＥＴＦ購入は限度額が２兆円だったが、この政策変更で限度額が取り払われた。購入額は13年末で２・５兆円、14年末で３・５兆円と増えていくことが予想されていた。

もともと臨時措置として導入したＥＴＦ購入が、東日本大震災で危機対応の側面を持たされ、安倍政権下でそれがデフレ対応の措置と位置付けが変えられた。安倍政権当初の対策については、民主党内閣下で東日本大震災対応の危機対策が不十分だったことから、あらためて危機対策を打ち直した側面もあった。米国でもアベノミクスは危機対応と解釈され、批判はあまり出なかった。

金融政策がゆがむのは２０１４年秋だった。日銀は10月31日に量的質的緩和の拡大と称して、マネタリーベースの増加額を年間80兆円とすることにした。それまでに比べ10兆～20兆円の増額になる。その実現のための手段と位置付けているＥＴＦの増額目標は、年１兆円から年３兆円に増やした。

日銀は異次元緩和を導入するに当たって物価上昇目標の２％を２年程度で実現することを目指していた。ところが原油価格が下落したことなどもあって、物価は２％どころか、０％を安定的に上回って推移させることにも四苦八苦していた。岩田氏は国会に対し２年で２％を達成できなかったら職を賭すと言っていた経緯もある。責任論を回避するためにも、努力する姿勢を首相にアピールする必要があった。

株式の受け皿機関化――進む企業の国有化、ゆがむ自由主義経済

岩田氏などが意地になって金融緩和拡大にこだわり、日銀は上限もなく、毎年3兆円ずつ買い入れを続ける株式の受け皿機関化する。百歩譲ってこれを地震発生の直後に、期間を限定して実施すれば、立派な策だと評価されたのかもしれない。危機対応なら常軌を逸した策であっても国の立て直しのためにやむを得ないと、国際的にも理解を得られる。

しかしすでに地震発生から3年が経過し、危機対応の収束が課題になるべき時期だった。その時点で危機対応の効果が出ていないのであれば対応策が間違っていたわけで、追加策を実施するのであれば責任者が辞任したうえで、効果が出る策に切り替えねばならない。そうしたこともなく、効果が出ない理論の見直しもなく、ただ購入額のみが増額された。

責任と理論の伴わない金融政策がずるずる続けられた結果、日銀によるＥＴＦ購入を通じた株式保有額は２０１８年6月末時点で20兆円にまで膨れ上がっている。これは、日本の株式時価総額６７０兆円の２・９％となっている。

日銀は日経平均やＴＯＰＩＸに連動したＥＴＦを購入している。日経平均は流動性の高い２２５銘柄を対象にした東京市場を代表する指数で、市場参加者の意識に対する影響も大きい。日経２２５連動ＥＴＦの購入は株価対策としては効果的な手段だが、結果的に２２５を構成する銘柄に日銀

から集中的に買いが入ることになる。市場が大きくゆがんでしまった。

日経225の価格寄与度が最も高い銘柄であるファーストリテイリング株は、15%以上を日銀が実質的に保有する事態に至っている。日銀が大株主になっている銘柄は数多く、見方によっては日銀の株式購入で日銀の企業支配が進んでいる。

日本は資本主義経済を基本とし、自由な市場がその根幹をなしてきた。今、日銀が進める株式購入は、国が出資する国有企業が上場されている中国など社会主義国の経済運営と似た手法で、中央銀行である日銀が自ら社会主義化を進めているようにも映る。

実際、株価が下がりそうなときに日銀の買い入れがあり、市場の自由な価格形成がなされなくなっている。貯蓄から投資の観点から見ると、株式を買った投資家にとって目先、日銀が株式を購入し、相場の下落リスクを抑えているので好都合かもしれない。

しかし、日本が自由主義の看板を捨て社会主義経済の道を選ぶのでなければ、政府機関である日銀が株式購入をずっと続けることはできない。購入を止めたり、売却に転じたりすれば、株価に猛然と下落圧力がかかることになる。

日本の株式市場は、日銀という不確定要因が価格をゆがめている特異な市場になっている。大手の外国人投資家は来日して日銀の幹部に面会し、そうした情報をもとに株式を売買している。日銀幹部へのアクセスを持たない一般投資家にとって日本の株式投資は極めてリスキーな投機の場と化しており、良識のある投資家が株式投資に二の足を踏む一因になっている。

3　掛け替えられた看板――「貯蓄から資産形成へ」の登場

麻生発言の波紋――「投資」はネガティブなイメージ

「貯蓄から投資」から「貯蓄から資産形成」――。金融庁は2016年にほぼ20年間取り組んできた政策の看板を掛け替えた。目立たないように掛け替えられたため、まだよく知らない方も少なくない。

掛け替えには伏線があった。2015年4月15日に信託大会に出席した麻生太郎金融担当相はあいさつで「我々の世代は、投資について否定的な環境で育ってきた方や、株価の急激な下落を経験された方が多く、なかなか投資について前向きにはなれない」と指摘。投資がネガティブなイメージでとらえられていることを金融担当相が認めたのだ。そのうえで投資への理解を進めようとNISAを拡充していると強調した。

その後、金融庁が市場調査会社のインテージに委託して実施した「国民のNISAの利用状況等に関するアンケート調査」によると、投資信託については「リスクが比較的高く、素人には危険なもの」と認識する人が34・0%と、「リスクが比較的低く、素人でも十分に活用できるもの」（12・8%）を大きく上回っていた。株式については素人には危険なものとする回答が46・9%と、素人でも十分に活用できるものとの回答（8・0%）の約6倍にも上っていた。

また有価証券投資が必要だと考えているが、投資していない層について、その理由を問うと「まとまった資金がないから」との回答が73・2％と最も多かったが、「投資は損をしそうで怖いから」が37・8％で3番目、「投資はギャンブルのようなもので、イメージが良くないから」が19・1％で7番目の多さだった。

有価証券投資が必要ないと考える人については、「そもそも投資に興味がない」が60・5％で最も多かったが、2位に「投資は損をするリスクがあり怖いものだと思うから」の34・1％が、4位に「投資はギャンブルのようなもので、資産形成のためのものではないから」の21・5％が入っている。

政府は証券界の要請などを受けて投資を促してきたが、そもそも「投資」は「怖い」と考える人が3分の1以上いる。また「ギャンブル」だと考える人もかなりおり、「投機」に近いと受け止められている実態が浮かび上がった。麻生氏は投資に前向きになれないのは「われわれの世代」と指摘していたが、若い人も含め幅広い世代で投資は前向きになる対象ではないと考えられていたのだ。少なからずの人が、「貯蓄から投資」は実は「貯蓄からギャンブル」だと認識していた。金融庁はギャンブルを推奨する役所だと見られていたことになる。

消えた「貯蓄から投資」――変わらない「投資」への誘導

金融庁は２０１６年5月から開いた金融審議会の市場ワーキンググループの会合で、それまで

「貯蓄から投資」という言葉で説明されていた政策に関して、「投資」という用語を使うことを避け、「国民の安定的な資産形成」という用語を使い始める。

金融庁は国民に投機をあおっているわけではなく、国民の味方になって資産形成を手伝っているというイメージを強く出そうとした。そして9月に公表した金融庁の政策を示す金融リポートで、金融行政の重点施策の一つに国民の安定的な資産形成を促進する「貯蓄から資産形成へ」という言葉を掲げた。

「貯蓄から投資」が「貯蓄から資産形成へ」に変えられたのは、投資が持つマイナスのイメージだけが原因ではない。金融庁の看板政策だったはずの「貯蓄から投資」が十数年たってもほとんど効果を上げていなかった。家計資産の過半が現預金に滞留する状況を変えようとしたが、状況は全く変わらなかった。

平たく言うと「貯蓄から投資」という金融行政は失敗したのだ。そこで政策目標を「投資」の促進から、「国民の資産形成」に変更せざるを得なかった。

新たな「貯蓄から資産形成へ」に関して金融庁は、資産形成を促す策としては、投資対象と投資時期の分散を行うことで中長期的に安定的なリターンを実現することを挙げている。投資対象をグローバルにし、積立投資で投資時期の分散を図り、さらに長期保有することでリターンの安定化が可能としている。

よく見ると「資産形成へ」は、相変わらず「投資」の勧めであり、投資の中身を対象や時期の分散などで多様化しろと言っているに過ぎない。看板を掛け替えても、成果が一向に上がらない「貯蓄から投資」を捨てきれないのだ。

金融庁は、商品開発や販売などに携わる金融機関に対する真に顧客本位の業務運営の徹底が必要としている。ただ顧客本位の業務運営などは「貯蓄から投資」の当初から当局も各金融機関も取り組んでいると強調してきた。実際には取り組みがお粗末だったわけで、それを変えるには、より利用者目線での施策などが必要になる。しかし金融庁は業者の自主性に任せるような姿勢に終始しており、看板は掛け替えたものの、中身が大きく変わるとは見られていない。

コラム　「貯蓄から投資」が無視する経済学

「貯蓄から投資」。初めて聞いたとき、変な言葉だと思った。

大学の経済学の授業で、貯蓄は所得のうち消費されなかったものを指すと習った。投資は設備投資や公共投資、在庫投資など資本ストックの増加を示す概念で、株式投資などは含まない。もともと貯蓄の概念のなかには、株式や投資信託への投資が含まれている。経済学的には「貯蓄から投資」という言葉は、そもそも矛盾しているのだ。

国際的な金融の会議に参加して、日本の金融行政を説明しようとすると、「貯蓄から投資」という言葉を使うことになる。日本の金融行政は目先の問題が生じると、その対症療法を講じる場当たり的な対応が多く、総合的な政策が少ないなかで、「貯蓄から投資」は間接金融や直接金融など幅広い分野を対象にした数少ない政策概念だからだ。

ただ欧米の参加者に、この言葉をそのまま訳しても理解してもらえない。経済学者に怪訝な顔をされて、あわてて経済学的に間違った用語使いをしていることを説明したこともある。しかし、日本では国際的な金融学者だと自負する人たちが金融審議会などに集い、この言葉を経済政策の目標の一つに掲げ続けてきた。

その後、使われるようになった「貯蓄から資産形成へ」も不思議な言葉だ。「資産形成」は経済学の用語ではないので、「貯蓄から投資」のような言葉の定義を重視する経済学者の琴線に触れるものではない。しかし、欧米では「貯蓄」は、資産形成そのもので、やはり欧米の金融や経済の専門家の理解を超えている。

日本の金融庁や金融学者の認識では「貯蓄から投資」は、「預貯金から株式・投信」を意味している。金融理論や経済学の用語などはどうでもよく、要は株を買えということだ。ただ、あまりに露骨なので、オブラートに包んだような表現になったのだろうか。

株の売買が増えることで収益が上がる証券会社にとっては、この標語は大きな意味がある。金融庁がそれに全面的に乗ってしまったわけで、問われているのは金融庁のリテラシーのレベルのようだ。

VII

混迷

金融社会主義の影

1　業者の自己申告に頼る顧客重視

認めざるを得なくなった顧客軽視――よりよい資金の流れを求めて

「貯蓄から資産形成へ」と看板を掛け替えたものの、その信頼を取り戻すには、「投資」のイメージを回復する必要があった。業者が儲けるためだけの仕組みでは「投資」への信頼は回復しないため、政府は業者に顧客を向いていることを示させようとした。

2016年4月19日、麻生太郎金融担当相は金融審議会に「情報技術の進展その他の市場・取引所を取り巻く環境の変化を踏まえ、経済の持続的な成長及び家計の安定的な資産形成を支えるべく、日本の市場・取引所を巡る諸問題について、幅広く検討を行うこと」を諮問した。

アルゴリズム取引などコンピューターが発展し新しい形態の取引が増え、対応を迫られていたためだ。新しい形態の取引を示す項目と並んで、検討項目にちょっと毛色の違う「顧客本位の業務運営」という項目が加えられた。

この検討が実施されている最中の10月5日、金融庁の森信親長官は「よりよい資金の流れに向けて」と題する講演をした。そのなかで証券投資が増加しない背景には、「手数料収入の増大といった目先の利益を追求するあまり、顧客本位の業務運営が構築できていないことが影響している」と述べている。具体的な問題点として、顧客が業者に支払う手数料水準や手数料額、またそれが何の対価なのかが明確でなく、しかも投資信託の販売手数料、信託報酬とも米国の5倍になっていると指摘したのだ。

さかのぼること10年、２００６年に金融庁は利用者保護と公正・透明な市場の構築を目指すとして金融商品取引法を打ち出していた。取引の仕組みのうち重要な部分の説明が、顧客の知識・財産・経験に照らしてふさわしい形で実施されることが求められた。しかし金融庁がその履行をモニターしていた10年間、そうした規定が無視され続けてきたことを、森氏が認めざるを得なかった。それくらい「貯蓄から投資」は病んでいたのだ。

「誠実公正です」と宣言する金融機関

金融審議会のワーキンググループは検討を進め、その答申を受けて金融庁は２０１７年3月30日に「顧客本位の業務運営に関する原則」を発表した。「貯蓄から資産形成へ」という金融庁の新しい看板政策を支える基本になるものだ。

原則として提示したのは次の7項目だった。

1　顧客本位の業務運営を実現するための方法を策定・公表する
2　顧客に対し誠実公正に業務を行い、顧客の最善の利益を図るべき
3　顧客との利益相反の可能性を把握し、可能性がある場合は適切に管理する
4　顧客が負担する手数料とそのほか費用の詳細を顧客が理解できるように情報提供する

5　金融商品サービスの販売推奨に係る重要な情報を顧客が理解できるように提供する
6　顧客の資産状況、取引経験、知識、目的を把握し、それにふさわしい金融商品・サービスの組成、販売・推奨を行うべきだ
7　顧客の最善利益を追求できる枠組みやガバナンス体制を構築する

出てきた原則は、小学生に「人を欺いて小遣いを増やすような悪いことをしてはいけないよ」というのと同レベルの当たり前のものだった。それは、消費者保護を掲げていた金融商品取引法が機能せず、そうした状況が放置されてきたという厳しい現実を認めたに等しいものだった。投信を売る金融業者に、政府が期待した常識はなかったのだ。

さらに驚いたのはその対策だった。対応策として「従来型のルールベースでの対応のみを重ねるのではなく、プリンシプルベースのアプローチを用いることが有効であると考えられる。具体的には、当局において、顧客本位の業務運営に関する原則を策定し、金融事業者に受け入れを呼びかけ、金融事業者が、原則を踏まえて何が顧客のためになるかを真剣に考え、横並びに陥ることなく、より良い金融商品・サービスの提供を競い合うよう促していくことが適当である」としている。

プリンシプルベースのアプローチというのは、2007年に当時の長官だった佐藤隆文氏が取り入れた監督手法だ。佐藤氏は長官としては珍しく金融理論にも精通していた。名古屋大学で教鞭をとり、金融庁の局長時代に名古屋大学で経済学博士の学位を取得している。長官退官後、日本取引所の自主規制法人理事長となっている。

当時、不正の取り締まりに重点を置き過ぎていることが金融の発展を妨げていると批判されたのを受け、業者の自主性を重視するベター・レギュレーションを打ち出した。厳しいルールで縛ればいいというそれまでの考え方を転換したものだ。

それと平仄を合わせる形で、金融商品取引法は自主規制機関を認定し、金融商品取引業の健全な発展と投資家の保護に資することを目指してきた。そこに金融庁のOBなどが天下っている。10年たってそれが十分機能していないにもかかわらず、再び顧客保護は業者の自主性に任せることにしたのだ。役人は前任者の路線を否定しない習いがあるが、佐藤氏が有力者だけに、後任の長官にプリンシプルベースを否定するだけの度量はなかった。

プリンシプルベースの維持は、市場ワーキンググループの意見を取り入れたものでもある。ワーキンググループのメンバーを見ると金融商品取引法を検討していた金融審議会のメンバーと重なる人が何人も入っている。うまくいかない制度の見直しを、うまくいかない制度を作った当事者に委ねる——金融庁の行政スタイルの限界でもあった。

委員には業界や業界が設けたシンクタンクの出身者が5人も入り、個人投資家の意見をある程度代表できるのは「FOSTER　FORUM　良質な金融商品を育てる会」事務局長の永沢裕美子氏ただ一人だった。

またワーキンググループのオブザーバーには財務省、日銀と並び、業者の代表団体である日本取引所グループ、日本証券業協会、国際銀行協会が入り、消費者庁などは入っていない。

プリンシプルベースのアプローチがすべて悪いわけではない。向いている分野、向いていない分野があることは最初から、認識されていた。弊害が出ても、それを改める柔軟性が金融庁には欠けていた。

結局、日本の「貯蓄から投資」は、金融業者が顧客利益を最優先すると宣言するから、それを信用して投資しましょうという枠組みのままだ。一方で銀行などはROE向上などを経営目標に掲げており、その有力手段の一つに手数料収入の増加を位置付けている。

「貯蓄から資産形成へ」の成否は、金融庁の指導で顧客優先を宣言した業者を国民がどこまで信用するのかにかかってくる。私は誠実ですと言う人を誠実だと信じて取引しろというのが金融庁の姿勢だが、過去に不祥事を起こした人が誠実ですと言っても簡単には信じられない。誠実だと高らかにうたう人は何かおかしいと考えるのが私たち一般国民の受け止め方で、大きな変化は期待できないだろう。

2　金融検査マニュアルの廃止

検査の格下げ――懸念される不良債権増加

「貯蓄から投資」の政策の欠点は、間接金融の改革を怠ったことだった。変革の先にある投資の促進に焦点が当たり、主力の融資の議論が活発にならなかった。金融庁は軌道修正の一環として、融資を抑制する要因になってきた検査の在り方の改革に着手した。

置き去りにされた間接金融の低迷は、成長鈍化に伴う融資需要の停滞という面もあったが、不良債権問題の時代に強化された検査が銀行の融資意欲を削いでいる面もあった。

検査は銀行にとってやっかいなものだ。銀行の行動が評価され、しかも、それがダイレクトに処分などに結び付く。密室での審判で、銀行に申し開きの余地は少ない。クレディスイス・ファーストプロダクトやＵＦＪでは検査忌避が指摘され、業務停止命令まで出されたいきさつもある。頭取が企業経営者と会う約束をすれば病気などを除いて変更はないが、検査だけは例外で、財務局から通告があると、それを最優先にアポなどは再調整される。

強い権限を持つがゆえに、ひずみも生じていた。私は１９８０年代に日本経済新聞社前橋支局で勤務していたことがあるが、大蔵省からの天下りを役員として受け入れていた地方銀行が検査官を近郊のホテルのレストランで接待していた現場を目撃したことがある。さすがに目立つ街中の一流ホテルは避けたようだが、それに次ぐ評価のホテルでの豪華接待だった。

不良債権問題の際には、検査官がより精緻な査定を求めるなど立派な役割を果たしていたこともあったが、計算ミスや記載ミスなどこまごまとした指摘に終始することも多い。デリバティブズなどの普及に検査官がついていっておらず、意味のない質問がされる場面も少なくなかった。そのため金融庁は検査の改革に乗り出した。検査現場の劣化を考えれば、改革自体は正しい動きだ。

ただ、改革の中身は時代に逆行するものだった。金融庁はまず検査と監督を一体化する方向を打ち出した。検査で得られた情報をもとに、機動的に金融機関を監督しようとするものだ。検査、監督のそれぞれのレベルが低いのは問題だが、一体化すれば野球で言えば監督と審判を兼ねるようなものだ。それは金融庁による銀行支配が強まることを意味し、はしの上げ下げまで指示するといわれた古ぼけた金融行政への逆戻りのようだった。

さらに金融庁は、検査局を監督局と統合する組織改革を実施した。監督局による吸収合併で、組織図から検査組織の名称は消えた。検査部門はかつて銀行局内にあったが、監督と審判の役割は異なるとの判断から、検査部隊は大蔵省の内閣官房に検査部として独立して存在させていた。

金融庁発足後も検査の独立性を重視して、監督局と同じ格の検査局としてきた経緯がある。それを官房機能が必要だという内部組織論などを優先させ、検査局を廃止した。

検査の改革で必要なのは、銀行の健全性をできる限り正確に事後監視できる体制の確立だが、格下げされた検査の現場では検査官のモラルが低下している。検査の質の低下の責任を現場に押し付けたような組織改革の後遺症は重そうだ。

必要なのは廃止ではなく時代にあった改善

検査の問題点で大きいのは検査マニュアルの存在だった。それが銀行の赤字企業への融資の道を極端に狭め、日本経済の活力を奪った。

金融庁は検査の改革に関連して、２０１７年12月に「金融検査監督の進め方」で、検査マニュアルは導入当時は不良債権問題などの対応で意義があったものの、形式的な運用がされるなど問題点が生じ、実際の検査では利用されていないと表明した。

具体的には、検査マニュアルがチェックリスト形式になっており、検査官による形式的、些末な指摘の助長につながっていると検査の問題点を認めた。さらに金融機関側についてチェックリストの形式的遵守を図り、最低基準さえ満たしていればいいという企業文化につながっていると指摘。創意工夫の障害になっているとまで批判している。そのうえで検査マニュアルは2019年4月以降をめどに廃止することにした。

検査マニュアル自体に当初から企業のスタートアップを金融面から封殺するような欠陥があったのだから、その欠陥を取り除くのは正しい動きだ。ただマニュアル自体がほんとうに不要かどうかは疑問だ。

金融庁はプリンシプルベースの金融行政を進めるとしているが、検査には明確なルールが必要だ。銀行行動で何が許され、何が許されないのかの基準は示されるべきで、マニュアルがなければ検査時に検査官の恣意が入り込みやすくなる。役人は接待を受けやすくなるかもしれないが、透明性は低下することになる。必要なのは検査マニュアルを時代の要請に合ったものに変えることで、なくせばいいというものではない。

検査の格下げと検査マニュアル廃止は、新たな問題を生む恐れがある。地方の融資強化は地域経済活性化のためには欠かせないものだ。しかし、それは今に始まった話ではなく、１９９０年代からの課題だった。政策的にそれを後押しするべきだった。

マクロ的に見ると人口が多い団塊の世代の引退が２０００年ごろから意識し始められ、その後、定年が延長される。65歳を過ぎて引退しても、引退後に退職金を手にした人たちが消費するなど、高齢者が新たな需要を生み出すことも期待された。その間は金融機関が融資で、高齢者ビジネスを手掛ける業者を助けたり、団塊の世代の事業からの引退を延ばしたりするとともに、運用や消費を手助けし、高齢化による経済の落ち込みを一定程度防げた。

しかし団塊の世代は70代に差し掛かり、さすがに引退が増え、消費も引退直後より活発ではなくなりつつある。団塊の世代からの新規ビジネス需要は減っていく方向だ。団塊の後に引退する世代は団塊の世代に比べれば人口が少ないため、65〜70歳の層から生じる需要も急減する。高齢化による経済の縮小が本格化するのだ。

この段階では融資先自体が減るのに加え、人口減でその地域の経済自体にも縮小圧力が強まる。潜在的な不良債権が増えていく可能性が強いわけで、本来、銀行は融資に慎重にならざるを得ない。金融庁の地銀への融資促進はかなり危うい面がある。

もちろんインバウンドの観光客が急増しており、ホテル建設などの新しい需要が生まれている面もある。安定的にインバウンド客の取り込みが見込めそうな地域では、まだ融資は増やせるかもしれない。

とはいえインバウンド顧客の動向は読みづらい。日本では、1980年代に各地で急増した観光客を取り込むためリゾート施設開発が相次いだが、顧客は継続的には集まらず、多くの開発が破綻し、銀行は不良債権の山を抱え込んだいきさつがある。

危機対応として導入された検査マニュアルは、その抜本的改革がもっと早い段階で必要だった。ずるずる維持した結果、経済の局面は変わってしまい、高齢化が急速に進む足元は、新しい検査マニュアルが必要な局面に差し掛かろうとしている。

時代の流れを勘案すると、不良債権時に重要だった検査は、一時、その役割が低下していたが、今後を見据えると、その役割はまた高まる方向だ。にもかかわらず金融庁は検査を格下げし、マニュアルを廃止しようとしている。そうした行政姿勢が金融システムの攪乱要因にならないか、懸念される。

3　融資再構築、時代錯誤の銀行経営介入——ベンチマーク

事業性評価融資——広銀モデルの過大評価

「貯蓄から投資」を旗印に掲げてきた金融庁は、従来主流を占めてきた融資の振興については慎重だった。ただ投資が景気浮揚に直結しないなかで、貯蓄の担い手である銀行に融資を促す必要が強まり、金融庁は銀行のビジネスモデルにまで干渉するようになる。

1990年代後半以降、政府は日銀に金融緩和を何度も要請し、日銀はそれにこたえて超低金利策を取ってきた。1995年以降、政策金利は0％台で推移した。

さらに2001年と13年から、日銀は市場に大量の資金を供給する量的金融緩和を実施する。とりわけ安倍晋三政権が起用した黒田東彦氏は、日銀が大量の国債を購入することでマネタリーベースを倍増させる異次元緩和を開始した。

銀行は保有する国債を日銀に売却し、その代金を日銀当座預金に積み上げた。当座預金金利が0・1％と市場金利対比で有利だったためだ。日銀が異次元と考える緩和をしているのに、銀行はそれに見合った融資増には動かなかった。

そうしたなか金融庁は、銀行に融資増を迫る経営介入的な行政スタイルを取るようになる。2014年の日本産業再興プランは、地域金融に関連して、金融機関に保証や担保等に必要以上に依存しない、企業の持続可能性を含む事業性を重視した融資を促した。金融庁は金融機関のモニタリングで、事業性評価に基づく融資が実施されているかどうかを点検して圧力をかけ始めた。

事業性評価は新しい概念ではない。欧米では企業の信用ではなく、プロジェクトの事業性をベースにした融資が日常的に実施されている。事業が生み出すキャッシュフローを返済に充てるので、事業がきっちり評価されなければ不良化しかねない。

日本でも似たような取り組みはあったが、金融庁が気に留めたのは広島銀行の事例だった。広島銀行は2010年ごろから、顧客の状況を把握したコンサルティング業務を高度化するため知的資産の分析を開始、12年ごろからその分析結果を営業店で活用し始めた。コンサル的な要素を盛り込んだ事業性評価融資である。

広島はマツダの城下町で、自動車関連が多いため、事業性評価融資が展開しやすかった。大手企業の部品を作る企業が多く、そうした企業の売り上げ見通しは立ちやすい。マツダの業績が伸びていたため、うまくいっているように見え、それを知った金融庁が地方銀行に融資活性化のため導入を促した。

ただ、事業性評価が簡単ではないことは明らかだった。

企業が新製品の投入に向け設備資金を借り入れる際、事業性はその新製品が売れるかどうかにかかっている。しかし大企業であっても新製品が売れず、すぐに市場からその製品が姿を消すことは珍しくない。

新製品の販売には経営的には賭けの要素があり、その製品を購入する消費者の嗜好や世の中の流行などさまざまな要素が絡む。それを金融庁が言うように科学的に分析するのは難しい。ましてさまざまな産業が高度化するなかで、その産業のレベルに合わせた評価体系の構築は容易ではない。とりわけ新しい技術などの評価は門外漢には不可能だ。

評価体系を打ち立てたり、それに沿った助言をしたりするには、人材育成などのコストもかかる。金融庁のOBなどが天下るコンサルタント会社はそうした助言で手数料を得るが、銀行が顧客に助言をしても手数料は取りにくく、コストがかさむ。

銀行は事業の評価が難しいからこそ、融資の際に担保を取ってきた。事業性評価の不確実性を補うための手法が担保であり、それに依存するのは銀行経営にとって自然の流れだった。担保への依存を引き下げろというのは銀行の取る信用リスクを引き上げろと言っているのに等しいと受け止められた。

事業性評価を実施している広島銀行は悪い銀行ではないが、地銀でピカイチというわけではない。もっと優良な銀行はいくつもある。金融庁は地域金融企画室長に広島銀行の元リスク統括部長を起用したが、地銀には「なぜ広銀のいうことを聞く必要があるのか」といった不満が渦巻いた。金融庁の長官がたまたま出会ったモデルに心酔するのは勝手だが、それをベストだと考えて他に押し付けようとするのは暴走に近い金融行政に見えた。

ビジネスモデルの押し売り

ところが金融庁は2016年に、この事業性評価融資などをさらに進めて銀行の経営指導色を強めた。9月に金融仲介機能のベンチマークを発出した。

すべての銀行が取り入れる共通指標として担保・保証依存の融資姿勢からの転換という項目を掲げ、それを点検するベンチマークとして、事業性評価に基づく融資先、融資額、融資額全体に占める割合を挙げた。

また銀行がそれぞれのビジネスモデルに応じて選択的に導入する項目として事業性評価に基づく融資を挙げ、ベンチマークとして事業性評価融資の金利と全融資金利の差、無担保与信数・与信額を明示している。項目としてはほかに業務推進体制、支店の業績評価、外部専門家の活用など合計14（50ベンチマーク）を掲げ、監督・検査でその実行具合をチェックする体制にした。

金融機関は検査で実態を調べられ、未達だと取り組みを指示されるため、金融庁から強い圧力を受ける形で、事業性評価融資に取り組んでいる。

ただ前述したように、地方をとりまく銀行の経営環境は激変している。金融庁自体が地銀に統合を促すほど高齢化が進んでおり、資金需要も低迷。ビジネス環境は悪化しているため、融資するなら担保をきっちり取らないと不良化するリスクを抱え込むことになる。

現場見えない霞が関——金融庁の勘違い

金融庁がどうして、こんな不可思議な指導を始めたのか。調べてみると安倍政権が打ち出したローカル・アベノミクスへの協力姿勢を示そうとしたことがある。

安倍政権になって人事権を握る官邸が強大な権力を握り、省庁の政策を左右する傾向が強まった。露骨な介入はなくても、役所のトップが首相や官房長官の意向を忖度する。役所のトップは官邸の意向をちらつかせながら、強引であっても反対論を切り捨てて、官邸を向いた政策を推し進める。それは金融庁も例外ではなかった。

地方再生は安倍政権のみならず、日本にとって大きな課題だ。地方では地銀が大きな役割を果たしており、その地銀の融資を積極化させることで、地域経済の底上げが図れるとの考えが、自民党には根強かった。その認識自体は正しい。

そうしたなか、金融庁は融資を受ける企業からヒアリングを実施し始めた。地方のニーズを借り手から探ろうとするもので、それ自体は間違っていない。

ただ、お金を借りる側の企業に、貸している銀行の姿勢を聞けば、金利を低くしてほしい、担保を取らないでほしい――などの意見が出るのは当然だ。企業が何を言おうとも、冷静に返済能力を見て、融資の可否を判断するのが銀行だ。銀行は企業のＡＴＭではない。

しかも地方銀行の貸し出しは年率３％以上で、経済成長を大きく上回るペースで伸びている。銀行が融資を断った企業の意見を参考に、銀行に融資を出すよう圧力をかけると、不良債権を増やすことにつながりかねない。

金融庁は融資姿勢について銀行と対話するとしている。それは、無担保融資が少なければそれを指摘するという意味だ。そのための手段がベンチマークだ。しかし融資の結果を問われるのは、銀行であり、融資はあくまでも圧力をかけられない状態での銀行自身の判断に委ねるべきだ。

日本経済を揺さぶった不良債権問題は、大蔵省・日銀が景気活性化のために銀行に融資強化を求めたことが背景にあった。また日銀が窓口指導で各行の融資の伸びを監視し、目標に達しないと増強を促していた。

その結果、銀行は融資額が増やしやすい不動産担保融資に傾倒していった側面もある。バブルは銀行の強欲がひとつの背景だが、大蔵省、日銀の経営介入に近い指導も無関係ではなかった。

霞が関からは銀行の先にある経済状況は見えない。顧客企業の意向を一回調査したからといって、顧客企業や地方経済がわかったと考えるのは大きな勘違いだ。一回の調査でわかることは、そうした分野への金融庁の知見のなさでしかない。同じ調査を毎年も続け経年変化をとらえなければ、監督には生かせない。この点に関しては日銀が全国企業短期経済観測調査で金融機関の貸出態度判断を調べており、近年は緩和基調が定着している。金融庁の独自の調査結果を水戸黄門の印籠のように振りかざす行政に、多くのバンカーからはため息が漏れていた。

モデルケースの挫折──スルガ銀行のシェアハウス向け融資

金融庁の勘違いはすぐに露呈した。森金融庁長官が新しい取り組みのモデルになるとまで持ち上げていたスルガ銀行で、シェアハウス向け融資がつまずいたのだ。

シェアハウス向け融資とは、シェアハウスを保有したい人がスルガ銀行から融資を受けて建設する、いわゆるアパートローンの一種だ。シェアハウス保有者は、女性専用シェアハウス「かぼちゃの馬車」を運営する不動産会社スマートデイズ（旧スマートライフ）に貸して、スマートデイズが女子大生などに転貸するサブリース方式だ。その際、スマートデイズは一定の家賃収入を保証していた。

スマートデイズは「頭金なしで、30年家賃保証」などとして、オーナーとなる保有者を募集したことから、数百人がこの方式でシェアハウスを建設した。そのかなりの人がスルガ銀行から使途自由のフリーローンを借りていた。金利は7％台と高いものの、シェアハウスの家賃収入で金利負担を上回る家賃収入が得られるはずだった。

しかしシェアハウス利用者数は低迷し、スマートデイズはもくろんだ家賃収入が確保できず、結果的に所有者への返済が滞る。スマートデイズは東京地裁に民事再生法の適用を申請していたが、却下され破産した。

シェアハウス保有者には、利用者が少ないシェアハウスとスルガ銀行からの融資が残った。このため被害者がスルガ銀行の貸し手責任を追及し、返済猶予などを求めている。

スルガ銀行はシェアエコノミーという時流に乗った融資の仕組みを提案し、それが金融庁などから評価されていた。しかしアパート建造が急増するなかで、実際のシェアハウス需要がどれくらいあるかの見込みなどが甘かった。スルガ銀から見ると、需要見込みなどのリスクは専門家のスマートデイズに転嫁する形になっているが、提携ローンで転嫁する以上、その業者の事業内容の見通しについても精査する必要があった。

しかも、融資の際の担保の確認書類の一つである預金残高のコピーを改竄し、それをもとに多額の資金を貸し付ける例もあった。これには銀行関係者もかかわっており、関連書類を改竄してまで融資増を目指すスルガ銀行の異様な業務姿勢の実態が明らかになりつつある。

金融庁がモデルだとしたスルガ銀のシェアハウス融資は、スルガ銀には高利の融資で利益をもたらしたかもしれないが、多くの融資先が被害を被った。またスルガ銀自体、この融資で社会的な批判を浴びており、多大な評判リスクを被った。

それは金融庁が推進しようとしているベンチマークについて、件数や額まで明示させて地銀に強要しようとする行政姿勢の在り方に大きな疑問を突き付けるものでもあった。スルガ銀は実態に合わない圧力をかければ、組織や行員、さらにはその規律がゆがみかねないことを示す例であり、その愚を全国の銀行で繰り返していいのかという疑問である。

２０１８年6月14日に開いた参院財政金融委員会で国民民主党の川合孝典議員は「金融庁の森長官がスルガ銀行のこのビジネスモデルを非常に評価する発言をしている。高収益のビジネスモデルだということをもって、スルガ銀行のこういう融資のスキームに対してお墨付きを与えてしまうような発言をしたことは、軽率のそしりは免れないと考えているが、どういう認識なのかをお伺いしたい」と質問した。

政府参考人として出席したのはスルガ銀行を絶賛していた森長官ではなく、監督局長の遠藤俊英氏だった。「金融庁は、地域金融機関の経営状況や各種の取組を紹介し、それによって地域金融機関全体の取組等の底上げを図っている。そういったなかでこのスルガ銀行についての何らかの紹介が行われたのかもしれない」とかわし、森長官が軽率かという質問にはまともに答えられなかった。

その後、長官に昇格した遠藤局長の考え方は森氏の考え方とは距離がある。意見の近いコンサルタントを起用して強引に進めるより、現場の声も重視して物事を進めるタイプだ。時に守旧派と見られることもあるが、地方の金融機関をまとめ上げるにはやむをえない面もある。

遠藤氏は「地域金融機関が今の経営環境のなかで持続可能なビジネスモデルの構築というものができるように行政を展開していきたい」としている。ただ森氏が導入したベンチマークなどコンサルタント的な手法にかぶれた制度は残り、心酔していないにせよ部下として仕えた遠藤氏がそれをどこまで正常な状態に引き戻せるかが課題になる。間接金融活性化の行方は視界不良だ。

4　不良債権対応のトラウマ——悲劇を生んだ合併推進

資本関係を無視した統合促進

「貯蓄から投資」の軌道修正を図る金融庁がベンチマーク導入などと並行して進めたのが、経営統合の推進だ。「高齢化が進むなかで銀行機能を維持させるためには経営統合しかない」というのが、森金融庁の言い分だった。

金融庁はかつても経営統合をしゃかりきに推し進めたことがある。不良債権を抱えた銀行を延命させるためだったが、結果的に主導権争いで混乱したり、融資基準が厳しくなり銀行の前向きの融資を殺してしまったりした側面もある。

今回は、将来不良債権問題が起きないようにする予防的措置との位置付けだ。事が起きてからでは手遅れで、責任は監督当局に押し付けられるという、不良債権時のトラウマがこの役所には色濃く残っている。だが、地銀には統合が最良の解とは限らないという冷ややかな声も多い。

銀行は金融庁から監督、検査を受けており、金融庁に言われ、統合に踏み切る銀行も増えてきた。2015年には肥後銀行と鹿児島銀行が統合して「九州フィナンシャルグループ」を設けた。16年には足利銀行と常陽銀行が統合した「めぶきフィナンシャルグループ」が発足したほか、トモニ・ホールディングスに大正銀行が加わった。18年には三重銀行と第三銀行が統合して「三十三フィナンシャルグループ」が発足している。

こうした流れのなかで注目を集めた統合計画がある。16年に発表したふくおかフィナンシャルグループ（ふくおかFG）と十八銀行の経営統合計画である。長崎県ではふくおかFG傘下の親和銀行と十八銀行を合併させる構想だ。

注目を集めたのは、この統合があまりに強引な計画だったためだ。十八銀行が統合を発表した直後の16年3月末時点の大株主の状況を見ると、最大は日本トラスティ・サービス信託銀行（信託口）の3・87％だが、8位に肥後銀行の2・16％、10位に鹿児島銀行の1・90％が入っている。肥後銀行と鹿児島銀行はふくおかFGとライバル関係にある九州フィナンシャルグループ傘下で、九州フィナンシャルが持ち株比率合計4・06％で事実上の筆頭株主だ。また7位には、やはりふくおかFGと競合関係にある西日本シティ銀行が入っている。

にもかかわらず、ふくおかFGは十八銀行との統合を計画した。資本関係にねじれが生じた計画であり、地銀関係者は「常識的に考えればこうした計画が出てくること自体がありえない」とため息をついていた。統合を促す金融庁にとってみれば、統合に飛びつく勢力がいれば、資本関係などどうでもいいと映ったのかもしれない。

もうひとつ強引だったのは、長崎県下で企図された親和銀行と十八銀行の統合だった。貸し出しの県内シェアは十八銀行が35・8％（15年3月）、親和銀行が33・9％（同）で、そのまま統合すれば合計シェア約7割（中小企業向けに限れば約75％）という例を見ない寡占になる。

銀行の統合計画は、公正取引委員会が審査する。公取委はシェアが25％を上回る事例については独占禁止の観点から関心を持ち、地域性などの状況を勘案しながらシェア40％程度までは容認してきた。ふくおかFGと十八銀の統合は、そうした競争政策を無視するかのような計画だった。

ふくおかFGと十八銀は統合を正式発表したので、政府内の事前調整はついていると地銀界では見られていた。ところが発表後、公取委がシェア7割に難色を示していることが明らかになる。金融庁が競争政策を無視したような統合について、最低限必要な事前調整を十分にしていなかったのだ。統合を強引に促そうとした金融庁のミスだった。

このつまずきは大きかった。独占禁止法を守って統合するには支店の譲渡などでシェアを引き下げる必要があり、実際これまでの統合でもそうした債権譲渡などが実施されてきた。ただすでに寡占が進み、貸し出しシェアがともに3割を超える長崎では、この調整は簡単ではなかった。

債権譲渡をするにしても、譲渡先は県内に支店が極めて少ない銀行か、経営規模が小さい信用金庫などかになる。当然、十八銀の顧客は譲渡されることに難色を示した。銀行は顧客に対してあまり強い態度で債権譲渡を迫ると、融資者による融資先への優越的地位の乱用になりかねない。

しかも、統合は地元からもあまり歓迎されなかった。十八銀行は長崎県内では唯一の上場企業だった。統合されれば、本店はふくおかＦＧの本店である福岡市になるため、長崎県に本拠を置く上場企業はなくなる。福岡勢に経済支配されるのはごめんだ——県民感情を逆なでする統合計画だった。

地元の関係者によると「十八銀の顧客から見れば、90年代に反社会的勢力と関係し元頭取が逮捕された親和銀との統合にいやな感じを持っていた人も少なくなかった」という。

そうしたこともあって統合作業は難航した。十八銀で統合作業に当たったのは常務から専務に昇格し、次期頭取候補とも言われた森甲成氏だが、16年11月に自殺してしまう。心労が一因だったと見られ、森信親長官の強引な推進路線と一線を画す金融庁の高官は「気の毒なことになりました」と表情を曇らせていた。

地方銀行の幹部の何人かは、戦友を失ったような感覚に見舞われた。普段、金融庁の圧力を受けている身からは、他人事には思えなかったのだ。取材をしていて、これを機に金融庁から地銀の人心が離れていくように感じた。

強引すぎた統合計画は混迷する。ふくおかＦＧと十八銀の統合は２０１７年4月から10月に延期され、17年央には確定次第お知らせすると期限すら明示できなくなった。当事者は実現を目指し努力するとしていたが、金融界では無期延期に近いと受け止められていた。

十八銀専務自殺直後にもかかわらず金融研究センターが統合圧力

十八銀行専務の自殺から日も浅い2017年1月、金融庁の金融研究センターは「長崎県における地域銀行の経営統合効果について」（大庫直樹、中村陽二、吉野直行の各氏）と題するディスカッションペーパーを公表した。

同研究センターは金融行政の理論的基盤の調査研究が目的で、海外事例や新しい金融理論、市場分析などを手掛けてきた。ひとつの県を取り上げるのは極めてめずらしく、しかも賛否が分かれているなかでの意見表明に近い論文発表は、研究を行うセンターの在り方をゆがめかねないものだった。

内容は「銀行業には規模の利益があり、単独行として存続していくよりも、合併によって貸出残高規模が拡大した銀行の方が、貸出金利を低廉に抑えることができるコスト構造になっているということが示唆されている」というものだ。また同じ時期に公表した論文「地域金融市場では、寡占度が高まると貸出金利は上がるのか」（平賀一希、真鍋雅史、吉野直行の各氏）で、寡占度が高まると貸出金利が下がり、貸出残高が増加することが確認されたとし、経営統合効果のディスカッションペーパーで「十八銀行と親和銀行の合併を促さない事由は何であろうか」と合併促進を強くにじませている。

しかし「寡占度が高まると貸出金利が下がる」とした論文の検証期間は過去5年で、その間は、基本的には貸出金利は趨勢的に低下し続けていた。金利は上がったり下がったりするもので、低下局面だけの分析で結論を導くのは学問的には稚拙だ。

また統合に関しては、優秀な人材が統合作業に取られ、日常の融資業務がおろそかになる面がある。さらに、統合をする際、相手方と融資基準などをそろえることになるが、厳しい方に合わせがちで、結果的に融資にブレーキがかかりかねない。統合は、経済を活性化する銀行の力を削いでしまうリスクも内包している。


自殺など関係ないといわんばかりの金融研究センターの論文が出たあと、金融庁は表向き長崎の地銀統合については沈黙していたが、２０１８年になって再び、統合推進にアクセルを踏んだ。

企業・産業の生産性向上や新陳代謝の促進への貢献、金融当局に求められる役割などを議論するため設けていた「金融仲介の改善に向けた検討会議」が、18年4月に「地域金融の課題と競争の在り方」と題した報告書を発表した。

異様な内容だった。地域金融の課題と題して貸し出し競争などに触れる形は取っているものの、具体例として長崎の状況だけを取り上げ、公正取引委員会による貸し出しシェアに基づいた統合審査の在り方に疑問を呈している。何が何でも統合を進めようとする金融庁の思惑だけがにじみ出る格好だ。報告書には、金融界から異論が噴出している。

まず報告書では、2016年3月末のデータを使って各都道府県で本業（貸し出し・手数料ビジネス）の収益が2行分の営業経費の合計を上回るか試算をして、2行での競争は困難であるが1行単独であれば存続可能な都道府県が13、1行単独であっても不採算な都道府県が23あるとしている。

地銀が少子高齢化の影響を受けるのは間違いないが、その進み方や各地銀に対する影響は不透明だ。進展度合いによって経営対応するので、16年のデータに基づき一方的に統合を正当化するのは危険な議論だ。不安をあおってビジネスを取ろうとするレベルの低いコンサルタントのような手法だ。

一県一地方銀行を進めたい金融庁にとって、長崎は目の上のたんこぶのような存在だった。特に今の麻生金融担当相は九州の出身であり、事務方としては何とかしたいということだったのかもしれない。しかし本来、一県一行という形式にこだわる必要はなく、やや規模の小さな銀行が2つ存在しても問題はない。規模で言えば十八銀も親和銀も地銀で40位台で、もっと小さなところがいくつもある。

統合はうまくいけば効率化に役立つこともあるが、実際の統合作業は主導権争いや企業文化の融合の難しさから、成功例が多いわけではない。無理に統合するのではなく、ビジネスの状況を見ながらスケールダウンしていく方が、地域にとっても金融機関にとってもプラスとの見方が根強い。

競争政策を曲げる金融庁の統合促進――利用者は視野の外?

この報告でより問題なのは、公正取引委員会のシェアに基づく統合審査に異論を唱え、金融庁の関与を求めている点だ。

そもそも日本の金融は寡占色が強い。長崎の2060年の推定人口とほぼ同規模である米サウスダコタ州では、現在70以上の銀行が400以上の店舗を展開している。国際的にはシェア7割は容認上限をはるかに超えており、そういう統合を企図したり、当局が後押ししたりするのは異様だ。

報告は、統合の弊害としての貸出金利上昇は金融庁の事後モニターで防ぐとの立場だ。しかし1995年の規制緩和推進計画で「規制に代わって競争制限的な行政指導がおこなわれることがないように」としており、国策にも反している。金利は競争市場で決めるのが国際的なコンセンサスで、規制金利時代への逆戻りはおかしい。

弊害は金利だけにとどまらない。銀行はかつて融資交渉で床の間を背にするほど高圧的で、見返りに協力預金を求めた。最近でも投資信託購入、遺言信託の利用やOB受け入れを要請する例は後を絶たない。例えば企業に融資した際、その企業の社長に個人で投信の購入を促している。断れば、企業への融資に影響が出かねないと、投信を購入する例が少なくない。銀行は優越的地位を生かしているが、報告はこうした面には触れていない。

金融庁がこのリポートを発表したあとの5月7日、ふくおかFGと十八銀は改めて統合を目指すと表明。債権譲渡に関しては顧客からの意向に基づくことを確認したうえで、借り換えサポートデスク設置など態勢を強化した。

以前の聞き取り調査では債権譲渡に慎重な企業が多かった。いったん断ったものを再度聞き直せば、企業は強い「圧力」を感じる。貸し手による意向調査は、優越的な立場からの押し付けになる危険性を秘めながら実施された。

佐賀銀行などが一部債権を受け入れるため、公取委は排除措置命令は行わないこととした。これを受け統合が実施されることになるが、中小企業向け貸出のシェアは約65%と圧倒的だ。公取委が大幅に妥協した結着になっており、競争の原則を曲げる社会主義的な統合推進にはあと味の悪さが残ることになりそうだ。

一連のドタバタ劇で明らかになったのは、金融庁が利用者の方を向いていない点だ。

そもそも統合は顧客の利便にかなう必要がある。独占禁止法に抵触する案件では、債権譲渡が必要になる。金融庁にすれば統合のためなら譲渡すればいいということかもしれないが、当該企業は譲渡によって不利益を被る恐れがある。

独占禁止法は、業者の圧倒的な力から国民を守る極めて重要な法律だ。業者行政を進めるために、統合審査に金融庁を関与させろという社会主義的な金融庁の検討会議の主張は、自由主義経済下の競争政策の基本を理解できない稚拙な議論だ。

もちろん銀行が健全経営を続けることは重要だ。将来に向けた金融システムの安定も不可欠だ。しかしだからといって利用者の意向を軽視したり、自由主義経済の原則を捻じ曲げたりしていいわけではない。

「貯蓄から投資」がうまくいかなかったのは貯蓄の担い手の銀行経由の資金供給がうまくいかなかったからだが、無理やり統合してうまくいくわけではない。利用者を向いた行政スタイルを徹底しないと、信用は回復しないし、金融による景気テコ入れ、経済の活性化は望むべくもない。

5 「貯蓄から投機」のフィンテック振興——新時代の信用構築の失敗

出遅れフィンテック

「貯蓄から投資」で日本がもうひとつ味噌を付けたのが仮想通貨だ。金融庁は仮想通貨業者を登録制とする制度を設け、世界で最も進んだフィンテック対応だと胸を張っていた。しかし登録制の甘さを突いて、安全対策が不十分な業者が参入し、世界で最大級の盗難事件の発生を許した。東京市場の威厳は著しく傷つくことになる。

２０１０年ごろから国際金融界ではフィンテックブームが巻き起こった。フィンテックとは、ファイナンス（金融）とテクノロジー（技術）を組み合わせた新しい技術を活用した金融の総称で、金融機関や情報会社が開発を競った。

国際的には２００８年のリーマン危機を受けて、金融規制が厳しくなった。銀行監督当局で構成するバーゼル委員会が銀行の自己資本比率規制を大幅強化したほか、米国はドッド・フランク法で銀行の自己勘定取引などを規制した。

その結果、危機前には20％を目標としていた欧米有力銀行の自己資本利益率（ＲＯＥ）は10％程度にまで低下。銀行はＲＯＥを引き上げるため不採算部門の縮小・売却、融資の圧縮などとともに、モバイル技術など新しい技術を使った金融業務の効率化に乗り出した。

使われた技術は投資判断などに活用する人工知能（ＡＩ）、融資審査に利用するビッグデータ、どこでも金融取引ができる環境を提供する携帯電話などモバイル端末技術だ。早いところは２０１0年ごろから新技術の開発に取り組み始め、15年から16年にかけて一部銀行が新技術の活用段階に入った。

また銀行の新技術活用の需要に合わせ、シリコンバレーなどで新しい技術を持つ企業が次々にネットを活用した金融サービスを提供し始めた。グーグルやアマゾンなどもネットを活用した金融サービスに興味を示しており、ネットを舞台に金融の姿が大きく変わる可能性が出てきた。

それに対し日本では金融庁は内向きで、高齢化をにらんだ地方銀行の統合促進に注力した。また企業統治の強化が叫ばれ、銀行は報酬、人事などの委員会を設けるなど内部管理体制の変革を迫られた。銀行も金融庁も国際的に急展開するフィンテックの動きには鈍く、２０１６年ごろには日本はフィンテック後進国とまで言われた。

資金決済業者のお墨付き——金融庁の勘違い

そうした状況のなかで危機感を強めたのが経済産業省だった。経済産業省は銀行経営や金融システムを直接所管しておらず、金融関連の国際的な動きには疎いが、フィンテックに関しては所管するコンピュータ情報産業にとって有力な収益源に育てる必要があった。コンピュータメーカーのなかには、売り上げの３割程度が金融関連というところもあるほどだ。情報産業にとって金融はまさに金のなる木だけに、フィンテックの周回遅れが進めば、そうした企業の収益が先細りしかねない。

そのため経済産業省は２０１５年10月６日に産業・金融・ＩＴ融合に関する研究会（フィンテック研究会）を立ち上げ、日本でのフィンテック振興に乗り出した。本来フィンテックは金融庁が主導権を取って推進していい分野だが、振興策に関しては経済産業省に先を越された。

取り組みを迫られた金融庁は２０１５年12月に、フィンテック・サポートデスクの設置を決めた。16年には銀行法を改正して、銀行がフィンテック企業に出資しやすくした。また日銀が４月にフィンテックセンターを設けるなど、関連省庁・機関がフィンテックに対する取り組みを競う姿が鮮明になった。

２０１７年になると政府がフィンテックを成長戦略のひとつに位置付けることになった。金融庁はそれを横目でにらみながら資金決済法を改正し、仮想通貨業者を登録やみなし登録した。

金融システム上、決済は経済を円滑運営するうえで最も重要な機能であり、不都合が起きないように免許制で安全性を確保するのが一般的だ。それに対し日本では、業者が免許制にすると参入が妨げられると主張し、金融庁は業者の要請を受け入れ登録制にした。従来から業務を手掛けている業者については、みなし登録業者とした。金融庁は「仮想通貨を法定した世界でももっとも進んだ対応になっている」と胸を張った。

投機でしかない仮想通貨

金融庁が胸を張る仮想通貨を決済手段として登録する仕組みは、国際的な常識からかけ離れていた。

仮想通貨を支えるのは、ブロックチェーンと呼ばれる分散台帳をベースにした技術だ。情報を中央で集約管理する従来の金融の仕組みではなく、情報を分散共有する。それによって中核システムが攻撃されても、システムとしては持続できる特徴などがあるとされる。

中央銀行による通貨供給に代わる仕組みとしては、マイニングと呼ばれるシステムが導入されている。高い技術を持った人がコストをかけて仮想通貨を鋳造できるルールが共有され、鋳造技術の高さや、それにかかるコストが仮想通貨の価値の裏付けになる。

決済手段は価格が安定する必要がある。ところがマイニングを前提とするシステムでは、仮想通貨の流通量が不足しがちだった。いい加減な鋳造はシステムの崩壊を招くため、比較的厳しい運用をするシステム設計だったためと見られる。実際、ビットコインは品薄感が強まり、価格が高騰した。

制度的には、価格を安定させるためには、全体の仮想通貨需要を見てそこに通貨を供給する中央銀行に当たる機関が必要だ。しかし、システム設計がそもそも分散台帳の考え方を前提にしており、中央に統制管理者がいない。もともと円滑な供給は想定されておらず、価格の乱高下は当然の結果だった。

価格が乱高下する通貨は決済には適さない。実際、乱高下する仮想通貨取引の取引目的の99％は投機だった。にもかかわらず、そうした投機対象を扱う業者を金融庁は資金決済法で登録した。

一般国民から見ると、登録された業者が扱うのは従来の法律に裏付けられた安定した「通貨」であると認識されやすい法律の立て付けになった。実際、仮想通貨業者は「通貨として登録された」ことをうたい文句に、取引を大々的に勧誘した。地下鉄の中吊りに広告を出し、学生なども仮想通貨取引に手を出すようになった。登録は金融庁の「お墨付き」として営業にフル活用された。

コインチェック、世界最大級の盗難事件――日本の甘さを世界にさらす

金融庁のフィンテック推進策は2018年に大きくつまずくことになる。

1月に資金決済法でみなし登録されていた大手業者のコインチェックから、580億円の仮想通貨が流出した。コインチェックや金融庁などは、甘いシステムを突いてハッカーが盗んだと説明している。コインチェックは当初、流出した仮想通貨が保存されている場所は把握できているとしていたが、結局、取り戻すことはできなかった。

日本では2014年2月に最大級のビットコイン取引所であるマウントゴックスが東京地裁に民事再生法の適用を申請する事態に陥っている。その後も仮想通貨などをうたった詐欺が後を絶たなかった。そうしたなかで、大手のみなし登録業者がセキュリティの甘さを突かれ顧客が資金を一時的にせよ引き出せない事態が起きた。

金融庁が大幅周回遅れを挽回するために甘い登録制度を設けたことに伴う欠点が突かれ、巨額の資金が消えたのだ。フィンテックの振興に当たってはセキュリティの強化が最低条件で、米国やシンガポールはセキュリティを強化したうえでの取引振興に取り組んでいる。東京の場合、大型不祥事件が次々に起きる程度の監督体制であることが露呈し、市場の信頼の失墜は避けられない。

この事件に対する日本の対応にもやや奇異なところがある。コインチェック事件の犯人は特定されていないが、580億円の盗難事件だ。日本ではかつて現金輸送車が襲われ3億円が強奪される事件が起きたが、いまだに真相の究明が話題になる。コインチェックはその100倍を上回る規模の盗難事件であり、世界の盗難事件史上でも最大級だ。

本来ならもっと徹底的な捜査や、フォローアップが行われてしかるべきだ。しかしそうした様子はうかがえないまま、コインチェックは業容拡大を目指すマネックスグループに買収されることになった。

結果的に世界最大級の盗難事件であることが極力強調されないまま、事件は表舞台から消えていく。しかも世界最大級の盗難事件を許した経営者が、マネックス傘下で経営に加わるという。

対応が甘いと認識されれば、第二第三のコインチェック問題が起きかねない。金融庁は登録業者の検査でマネーロンダリング対策の不足などを指摘しているが、問われているのは制度自体だ。さじ加減で対応しているふりをしても、基本を改めない限り信頼は戻らない。

金融で最も大切なことは信用だ。貨幣が使われてきたのは、それが信用されてきたからだ。新しい時代になれば、新しい金融の手法が登場するが、新しい手法は信用を伴わないと定着しない。フィンテックの時代といわれて久しいが、米国などがなお仮想通貨に慎重なのは偽造、ハッキングなどのリスクが伴い信用が確保できないからだ。フィンテックを普及させたいのなら、そこではハッキングが起きないという実績を積む必要がある。

にもかかわらず、日本では仮想通貨は簡単に盗まれるという前例を作ってしまった。繰り返すが、紙幣の世界では3億円盗難はいまだにドラマや映画で扱われるほどだが、仮想通貨ではいとも簡単にその200倍近くが盗まれた。簡単に巨額の資金が盗まれ、自分のお金が引き出せないかもしれない。そんな恐怖が目前に広がった仮想通貨に信用が置けるはずはない。参入しやすい登録制にしようとした金融庁の罪は重い。

横断できなかった金商法

コインチェック事件は、金融庁が掲げてきた「貯蓄から投資」の金融行政の在り方を問う面もある。

金融商品取引法は「貯蓄から投資」の基本法とも言えるもので、投資に関する行為を一律規制するとされた。外為証拠金取引など新しい取引に関しては、この法律で律することになると主張していた。

仮想通貨は前述したように、取引の大半が投機目的で、しかも多くの人が借金で投資規模を膨らませるレバレッジの手法を用いている。それまで外為証拠金取引をしていた投資家の一部が、投資対象を乗り換える形で仮想通貨取引を手掛けていた。

ところが金融庁が世界で最も進んだ対応だと胸を張った規制体系では、仮想通貨は資金決済手段と位置付けられている。投資にかかわる規制だと主張していた金融商品取引法は、仮想通貨をカバーできない状況に陥っている。同法が新たに出てくる投資の手段を包含できない硬直性が露呈し、それにもかかわらず金融庁が対応は世界最先端と主張する滑稽な光景になっている。

似た取引が違う法律で規制され取引しづらい――。１９９０年代に繰り返し指摘された日本の金融規制の問題点が、金融商品取引法によって解決されていなかったのだ。借り入れで規模を膨らませる程度を規制するレバレッジ規制は外為証拠金では25倍までとされるが、仮想通貨にはそうした規制は存在しない。極めてリスクが高い投機手法が放置され、その取引に学生などが参加する異様な事態になっている。

結局、20年続けてきた「貯蓄から投資」を支える基本法は何を目指していたのか――金融行政の在り方が問われる事態になっている。

6　平成経済の通信簿

転機は1997年金融危機

30年続いた平成の時代、結局、経済はどう変わったのだろうか。データで総括しておこう。

平成は昭和末期から続くバブルの最中に始まり、株価は平成元（1989）年12月にピークを付け、そこからバブルは崩壊した。

バブル崩壊で経済は暗いイメージを持たれているが、最初はそれほどでもなかった。昭和の最後の1988年の国内総生産（GDP）は370兆円で、1997年まで拡大を続けた。1998年の名目GDPは526兆円で、平成の最初の10年、経済は年率3％程度で成長していた。

この間、銀行はいろいろなことを言われたが、貸し出しは伸びている。1988年の銀行勘定の貸し出しは370兆円で、97年までは伸び続けた。98年の貸出残高は480兆円で、最初の10年の増加率は29％だ。名目GDPと銀行融資はほぼ同じように伸びており、銀行融資が経済を支えるメカニズムはまだ機能していたと見られる。

転機は1997年の金融危機であった。北海道拓殖銀行と山一證券が破綻し、不良債権問題が経済に重くのしかかった。その一方で、バブル崩壊の後遺症からの脱却を目指して日本版ビッグバンが動き始める。「貯蓄から投資」で金融構造改革を目指したのだ。その成果が、平成の残りの20年で問われた。

その間、長期政権を維持した小泉純一郎首相も安倍晋三首相も自らの治世下で「いざなぎ景気」を超える長期の経済成長を達成したと胸を張った。しかしＧＤＰが97年の水準を回復するのは２０１５年。ほぼゼロ成長の経済が続き、「失われた10年」どころか、「失われた20年」になってしまう。安倍晋三政権下で平成の最後の3年、成長率は1％程度まで高まったように言われるが、背景にはＧＤＰ統計の改定があり、「失われた時代」が本当に終わったのかどうかは判然としない。

この時期の銀行貸し出しの動向を見ると、１９９８年から7年にわたり減少し、２００４年の残高は３９０兆円。その後は増加に転じ、17年にようやく20年前の水準に戻している。銀行が融資を絞り、経済が停滞した構図が浮かび上がる。

失敗に終わった「銀行に頼らない経済」

銀行に頼らない経済を築くために進められたのが、「貯蓄から投資」の看板のもとで進められた金融構造改革だった。銀行に預けられた預金を株式や投資信託に振り向け、別ルートの金融力で経済の活性化を目指したのだ。

家計の金融資産に占める現預金の比率を時系列で見てみよう。１９８８年に現預金の比率は44％、株式等は23％だった。79年までさかのぼると現預金の比率は58％もあり、バブルが日本の家計資産をリスク資産中心の米国型に変える兆しが見えた。

ところがバブル崩壊で状況は一変する。91年には現預金の比率が50％を超え、98年には54％にまで高まる。バブル以前の状況にほぼ逆戻りしている。「貯蓄から投資」はその状況を変えることを目指したのだが、２０１７年の現預金比率は53％弱。家計資金の構造改革は見事に失敗している。

お金の保有者の方から見ると、違った風景が見えてくる。貯蓄広報中央委員会（現・金融広報中央委員会）の調査（２人以上の世帯）を見ると、金融資産を保有する目的は１９６３年に病気や災害への備えという回答が最も多く74・５％、次いで老後への備えが41・５％だった。この傾向はその後長いあいだ変わらず、98年には病気や災害への備えが73・３％、老後への備えが55・３％となっている。

ところが、その後、高齢化の進展に伴って老後への備えを重視する世帯が急増する。２０１３年には老後の備えと回答した世帯の比率（65・８％）が、病気や災害への備えとする世帯の比率（63・８％）を初めて上回った。17年には老後の備えが69・２％、病気・災害への備えが62・８％となっている。

金融資産を保有する世帯の選択基準にも変化が見られる。バブルが始まった１９８６年には収益性を重視する世帯が34・０％、安全性が44・０％、流動性が20・１％だった。それが98年には収益性が14・９％、安全性が52・５％、流動性が29・２％となっている。バブルの崩壊に伴う金融システム不安を背景に安全性志向が高まり、収益性志向が減退した。

２０１７年には収益性が18・７％、安全性が46・６％、流動性21・０％となっている。収益性志向は、マイナス金利政策などもあってビッグバンのスタート時よりはやや高まっている。しかし、安全性や流動性に対する志向はバブル期の1986年より高い。高齢化が進んでいるため、マネーの保守化傾向は続いている。

保守性を最も敏感に反映するのが、元本保証への志向だ。2017年に「元本割れを起こす可能性があるが、収益性の高いと見込まれる金融資産の保有」に関して積極的に保有したいとする世帯は2・0%にとどまった。一部を保有しようと思っている世帯も15・4%にとどまり、「保有しようとは全く思わない」とする世帯が80・8%を占めている。

「貯蓄から投資」は、元本保証のある預貯金から、元本割れの可能性のある株式、投資信託への誘導的な要素が強い。実は、その政策はマネーが保守化する傾向のなかで進められたのだ。金融庁や銀行、証券会社は、要するに利用者の意思に反したマネーの流れを作り出そうとし、うまくいかなかったのだ。

金融構造改革失敗のツケ

「貯蓄から投資」がうまくいかなった経済を見てきて、気になることがある。

ひとつは、新しい産業の芽を育てる力が落ちていることだ。ニュー・ビジネス・デンシティという指標がある。WIPO（世界知的所有権機関）などが生産年齢人口に占める新規企業登録をスコアリングしたものだが、トップは香港で、日本は95位にとどまっている。米国などは同じ基準で統計が取れないが、新しい時代に対応して生産性を上げている国が上位に入っている。エストニアは2位、オーストラリアは7位などとなっている。

新しいビジネスを立ち上げるときに、それを支える金融が必要になる。「クレジットの得やすさ」という指標で見るとトップはニュージーランドで、2位は米国。日本は70位で、中国やインド、インドネシアより順位が低い。

「単位当たりのベンチャーキャピタルの数」を示す指標ではカナダ、フランス、イスラエル、米国がトップ。日本は66位で、G7では最低。中国やインドよりも下だ。

新しい企業を支える金融環境が著しく見劣りするのが現実だ。「貯蓄から投資」は、新しい企業を支える役割も果たさねばならなかったはずだ。しかし、そこには銀行の融資が減っても、株式にマネーが流れ込めば、それが成長につながるという単純な考えしかなかった。そうした期待は見事に裏切られ、銀行の融資が減り、株式経由のマネーはスタートアップには役立たなかった。

もうひとつ気になるのは、金融資産を持つ世帯の変化だ。1963年、金融資産がある世帯の比率は77・8%、ない世帯は22・2%だった。5世帯に1世帯が預貯金すら持たない時代だった。

それが1972年には、金融資産がある世帯の比率は96・8%にまで高まる。その後も、預貯金をもたない世帯の比率はおおむね1ケタ台で推移した。一億総中流といわれた時代を支えたひとつの要因が、金融資産だったと見られる。ビッグバンが始まった98年は、金融資産があると答えた世帯はまだ89・2%いた。

ところがその後、金融資産がないとする世帯が急増していく。経済の低迷が続き、所得水準が低下し、総中流は維持できなくなった。「貯蓄から投資」を進めるなかで、「貯蓄」がない世帯が増え、2017年に金融資産がなしと答えた世帯の比率は31・2%まで上がっている。これは、前回の東京五輪前のまだ貧しい人が多かった1963年より高い水準だ。「貯蓄から投資」を政策の柱に据えることが、適当かどうか危ぶまれるほど家計が傷んでいる。

こうした実情を目の当たりにすると、「貯蓄から投資」はうまくいかなかったどころか、日本経済の足を引っ張ったのではないか。「貯蓄」は「投資」あるいは「資産形成」に振り向けるのではなく、「貯蓄」として生かした方が経済にはプラスだったのかもしれない。この事実を前提に、次の終章では出口について考えてみたい。

終章

出口はあるのか

利用者ファーストへの転換を

投資・運用の魅力を高める努力から——手数料を成功報酬型に

「貯蓄から投資」は「貯蓄から資産形成へ」と改められたが、貯蓄から資金を追い出そうとする政策が延々と続いている。効果があまり出ないのに20年も同じ政策に固執する金融庁の異様な粘着質が目立っている。

利用者は高齢者が多く、基本的には元本保証を志向している。利用者の意向を踏まえないで、預貯金から資金を追い出そうとする政策自体に無理があり、看板は外す時期に来ている。

もちろん、投資や運用の世界はもっと魅力的なことを示す努力が必要だ。日本ではそうした業務は、銀行業務や証券業務に比べ格下と見られがちで、そこから変えていかねばならない。

米国に目を向けると、投資銀行で何百万ドルもの年収を得ていたバンカーが、運用業界にどんどん移っている。最高レベルの金融人材、最先端の金融技術、高度なシステムが運用のために動員され、高い運用実績をたたき出し、それが資金を引き付けている。

日本が追い付くことは不可能だが、努力は必要だ。まず運用業務は大手金融機関にとって本業の1つであるという認識を持って、それにふさわしい経営資源を投下すべきだろう。運用担当の教育などは地道に時間をかけて、取り組むしかない。

急務なのは利用者を向いた改革だ。規制が緩和されればされるほど金融商品は複雑になり、利用者は欺かれやすくなる。国際的には、業者向けの業務規制緩和は消費者保護の規制強化とセットというのが共通認識だ。それに対し、日本は利用者を守る規制も緩和してしまえと言わんばかりの行き過ぎた規制緩和論が色濃く残っている。

取り組むべき課題は山のようにある。利用者のレベルに合わせた金融商品の販売を求める適合性の原則を、もっと徹底できる制度の構築が必要だ。金融商品の押し売りに当たる不招請勧誘は、デリバティブズ以外にも広く適用すべきだ。株式の売買にも広げるべきかもしれない。何より、利用者を守る規制権限のある専門組織作りも欠かせない。

この面では、業者サイドの取り組みも必要だ。例えば、投信は他人の資金を預かり運用するのだから、運用者が責任を持って運用に努力する枠組み作りが欠かせない。努力しましたが、成績はマイナスでしたと開き直られては、利用者はやりきれない。

欧米では一部ファンドで手数料体系を変更する動きがある。運用の基本的な手数料は最低限に抑え、運用で結果が出れば、それに伴って手数料水準が上乗せされる成功報酬の仕組みの導入だ。これだと運用者は運用に成功すれば高い手数料を得られるため、他人の金に過ぎないといった手の抜き方をしない。手数料体系は複雑になるが、フィンテックの時代であり、一般の利用者向けでも対応は可能なはずだ。基本手数料部分は今の手数料より引き下げざるを得ないため、多くの投信業者の反対が予想される。高い手数料に安住した方が楽だが、それでは中長期的に業界は発達しない。

押し付けの金融行政は見直しを

20年にわたって政策を試してうまくいかなかった現実は大きい。「貯蓄から投資」は、金融文化を変える試みだったが、変えられなかった。利用者が「貯蓄」を志向している以上、「貯蓄」は「貯蓄」として生かす方策を探る方が現実的だ。

高度成長時代には預金の資金が設備投資資金に振り向けられ、経済を支えた。銀行の方が企業の戦略や財務内容を熟知している。市場に任せればいいというのは理想論だが、今の日本で個人のリスクテークには限界がある。個人は決算の縛りがないのだからリスクを取らせればいいなどとの意見があるが、個人を犠牲にしてもいいという暴論だ。

成長には、やはりプロである銀行の融資機能に期待せざるを得ない面がある。金融行政が取り組むべきは貯蓄を生かすことだ。「貯蓄から投資」で失われた銀行の良さを、取り戻さねばならない。

金融庁は2015年ごろから3年間、経営介入色の濃い行政を展開した。地銀に聞くと、銀行法に金融の円滑が目的と書いてあり、「ベンチマーク」などに従って融資を増やせとの強い圧力を金融庁から受けたという。貯蓄を生そうとしたのかもしれない。しかし、銀行法には銀行の自主的な努力を尊重するよう配慮しなければならないと記されている。銀行に公益性があるのは事実だが、純然たる民間会社でもある。計画経済のようなやり方を押し付けるのは考え物だ。

金融庁の認識では、銀行の融資努力が足りないことになっている。本当にそうだろうか。長い間続く金融緩和の影響で、貸出金利が下がっている。それが意味しているのは、金利によってクレジット・コストを賄う余裕がなくなってきているという現実だ。融資に慎重になるのは当然だ。それは金融排除でもなんでもなく、自然な銀行行動であり、それに腹を立てても仕方がない。

しかも、そうした環境でも地方銀行は融資を年率3％以上で伸ばし続けてきた。これは経済成長率を超える水準だ。地元経済がおかしくなれば経営が立ち行かなくなることは地方銀行が一番よくわかっており、そうならないような努力はなされている。

金融庁の押し付け行政の背景にあるのは、将来を見越したうえでの持続可能性という視点だ。金融庁に聞けば、マクロプルーデンスの観点も踏まえ、市場の変化が銀行の持続可能性やシステムの健全性に与える影響を考慮してモニターしているという。

ご立派な考えだが、経済の先行きや市場の変化は簡単には見通せない。1980年代に万能だと自負する大蔵省が行ったはしの上げ下げまで指示する金融行政は、結果的に不良債権問題という大規模危機を招いた。

市場の動きは銀行が最前線でとらえるべきもので、それに合わせて機動的に経営を変えていく必要がある。当局の政策意図が反映するように設計されたベンチマークなどの指標は、市場の実態に合わせた経営変革の妨げにすらなりかねない。大切なのは、銀行の判断なのだ。そのうえで検査によって経営が揺るがないように監視するのが、行政の役割だ。それが基本的な資本主義のモデルである。社会主義のモデルに近い金融行政の在り方は、改めてもらう必要がある。

社会インフラの役割再認識を——預金、貸し出しを重視する米銀の衝撃

銀行は民間企業ではあるが、決済と小口融資を支える社会インフラでもある。だからこそ不良債

権問題の際には、公的資金を投入して守られたわけで、その役割は今後も変わらない。

マイナス金利で収益性が低下し経営が厳しくなっているのは事実だ。円安誘導と株価押し上げを図るマイナス金利が金融システムを揺るがしている。金融政策の正常化にまず取り組む必要がある。

銀行は無責任な金融政策の犠牲者であるのは事実だが、だからといって真っ先に利用者との接点である支店の削減に取り組むのは、どうだろう。日本はこれから高齢化が進む。インターネットや携帯電話を使うのが苦手な高齢者にとって、銀行支店のインフラとしての役割は大きい。預けた資金を下ろしに来るだけの顧客はコストがかかるからネットに回せばいいという発想はやや乱暴だ。利用者ファーストの視点から、今一度考え直すべきではないか。

「貯蓄から投資」のモデルとなった米国では何が起きているのか。

邦銀は「預金」より「投信」という流れだが、米銀は「預金」重視が鮮明だ。資金調達全体に占める預金の割合は、２００６年に邦銀の73％に対し、米銀は65％だった。ところが、16年には邦銀の70％に対して、米銀は76％と、日米が逆転している。

米銀の商工業向け融資を見ると、残高は２０１７年までの20年で２・４倍になっている。20年前ビッグバンを進めた金融制度調査会の認識は、間接金融から直接金融だったが、その後、モデルの米国で間接金融が復活して、驚異的な伸びを見せたのだ。

邦銀はフィンテックへの対応として支店削減に取り組もうとしているが、フィンテックで邦銀のはるか先を行く米最大手のＪＰモルガン・チェースは２０１８年１月23日、今後５年間で米国内に新たに４００支店を開く計画を明らかにした。同社は全米に５１３０の支店を展開しており、支店数は５５００を超えることになる。「ＪＰモルガン・チェースの中核はリテール支店にある」と、チェースのコンシューマー・アンド・コミュニティ銀行部門のゴードン・スミスＣＥＯは指摘している。支店はクレジットカード、住宅融資、自動車融資、商業サービス・ビジネスバンキングの拠点になっている。利用者をベースに考えると、支店サービスは欠かせないという経営判断だ。

人口10万人当たりの銀行支店数を見ると、日本が16なのに対し、フランスが57、ドイツが44、イタリアが48、英国が17、米国が26、カナダが24となっている。金融庁や日銀は、日本はオーバーバンキングだと言うが、決してそんなことはない。日本はＧ７諸国のなかで銀行支店が最も少ないのに、さらに減らそうとしているのだ。金融業の根本は支店を通じた利用者サービスだ。それが守るべき最低ラインであり、それをどう生かすかが優良な米銀の発想になっている。

このＪＰモルガンの株式時価総額は２０１８年7月末時点で３８８９億ドル（43・1兆円）と、日本の銀行株の時価総額合計（42兆円）を上回っている。残念ながらこれが平成の金融行政の結果である。

「貯蓄から投資」で目指した間接金融から直接金融への道は本当に正しかったのか。銀行が預金を集め、融資を強化した米国は一時金融危機に見舞われはしたものの経済成長を続け、銀行は力強さを取り戻している。平成の金融行政は目指すべき道を誤ったのかもしれない。銀行は金融庁ではなく、利用者を向いて、進むべき道を考え直す時期に来ている。

参考文献

【はじめに】

「資金循環統計の改定値の公表について」（日本銀行調査統計局、2018 06 27）
「金融庁の改革について」（金融庁、2018 07 04）

【I　成長】

（1）
「日本における近代郵便の成立過程」（井上卓朗『郵政資料館　研究紀要』第2号、2011 03）
「明治期郵便貯金制度の歴史的展開」（田中光　ISS Discussion Paper Series J-170, 2008）
「衆院本会議録」（北村徳太郎発言部分、1946 11 27）
「衆議院　財政および金融委員会議録」（1947 07 11）

（2）
「昭和32年　年次経済報告」（経済企画庁）
「参議院予算委員会会議録」（大谷瑩潤発言部分、1962 03 07）

（3）
「野村証券・田淵会長が辞任」（『日本経済新聞』朝刊1ページ、1991 07 23）
「坂巻元野村社長を逮捕」（『日本経済新聞』夕刊1ページ、1997 05 30）
「日債銀系が170億円融資　稲川会系ゴルフ場に」（『日本経済新聞』朝刊39ページ、1991 07 03）

「親和銀元頭取ら6人逮捕」(『日本経済新聞』朝刊39ページ、1998 05 30)

【Ⅱ　大転換】

(1)
「Reforming U.S. Finance」(UBS International Finance, 1991 Summer)
「Financial Markets in 2020」(Charles S. Sanford Jr, 1993 08 20)
「衆議院大蔵委員会金融及び証券に関する小委員会議録」(土田正顕発言部分、1991 03 01)
(2)
「論点整理・我が国証券市場の現状と問題点」(証券取引審議会・総合部会、1996 11 29)
「衆議院会議録」(橋本龍太郎発言部分、1996 12 02)
「我が国金融システムの改革について」(金融制度調査会答申、1997 06 13)
「衆議院予算委員会公聴会議録」(蝋山昌一発言部分、1997 02 21)
「衆議院大蔵委員会議録」(岸暁発言部分、1998 04 17)
「Opening Statement of Representative」(James A. Leach, 1995 10 16)
「Statement by Alan Greenspan Chairman Board of Governors of the Federal Reserve System」(Alan Greenspan, 1995 11 27)
「Banking in the Global Marketplace」(Alan Greenspan, 1996 11 18)
「U.S. Economic Policy Toward Japan in the Second Clinton Administration」(Lawrence H. Summers 1997 02 28)
(3)

「参院予算委員会議録」（三重野康発言部分、1992 12 10）
「日本の金融の歴史と預金保険システム・金融制度」（預金保険機構理事長 三國谷勝範、2015 06 15）
「金融システムの安定と日本銀行の役割」（三重野康、1994 10 31）
（4）
「衆院逓信委員会議録」（小泉純一郎発言部分、1993 01 20）
（5）
「公的金融システムの改革に向けて」（全国銀行協会連合会、1996 04）
「利用者時代へ扉開く（拝啓個人マネー様）」（『日本経済新聞』夕刊6ページ、2006 08 03）

【Ⅲ　誤算】

（1）
「欧州銀　邦銀向け金利上げ」（『日本経済新聞』夕刊1ページ、1992 04 23）
（2）
「山陰合同銀行　預金にこだわり（拝啓個人マネー様）」（『日本経済新聞』夕刊4ページ、2009 01 29）
「株式会社新銀行東京に対する行政処分について」（金融庁、2008 12 26）
「検証報告書」（日本振興銀行に対する行政対応等検証委員会、2011 08 26）
（3）
「初の金融危機対応会議により、りそな銀行の実質国有化を決定」（小原由紀子、Credit Suisse First Boston, 2003 05 19）
「りそな公的資金申請、実質国有化へ」（マッカーシー理恵子、ＪＰモルガン証券、2003 05 19）

「政府公認モラルハザード相場」（マッカーシー理恵子、2003 07 11）
「日本振興銀行の経営破たんと今後の業務等について」（預金保険機構、2010 09 10）
（4）
「目黒東山敷地における分譲マンション事業の実施について」（日本郵政、2008 10 17）
「（民主・社民・国民新）3党連立合意書」（2009 09 09）
「郵貯の戦略 地価に影響も」（太田康夫『日本経済新聞』朝刊4ページ、2009 02 19）
「転換点を迎えた郵政民営化」（瀬戸山順一『立法と調査』参議院事務局企画調整室編集・発行＝2010 2）
「日本郵政株式の2次売却について」（財務省、2017 10 11）
（5）
「衆議院大蔵委員会議録」（蝋山昌一発言部分、1998 05 08）
「最近の証券検査における指摘事項に係る留意点」（証券取引等監視委員会事務局証券検査課、2011 01-03公表分）
「運用哲学競う㊤グロソブ（拝啓個人マネー様）」（『日本経済新聞』夕刊5ページ、2007 03 13）
「金融・資本市場活性化に向けての提言」（金融・資本市場活性化有識者会合、2013 12 13）
「事務局説明資料（家計の安定的な資産形成に関する有識者会議）」（金融庁、2017 03 30）
（6）
「金融審議会市場ワーキング・グループ報告 第3章 取引の高速化」（金融審議会、2016 12 22）
（7）
「英国における個人の中長期的・自助努力による資産形成のための投資優遇税制等の実態調査」報告書（日本証

券業協会、2016 06）
「Individual Savings Account（ISA）Statistics」（HM Revenue & Customs、2017 08）
「ＮＩＳＡ制度の効果検証結果」（金融庁、2016 10）

【Ⅳ　裏切り】

（１）

「（インサイダー取引等に係る）説明資料」（証券取引等監視委員会事務局、2012 07 31）
「新株式発行並びに株式売出届出目論見書」（エフオーアイ、2009 10）
「倒産速報　（株）エフオーアイ」（東京商工リサーチ、2010 05 21）
「株式会社エフオーアイの決算情報の虚偽記載について」（みずほインベスターズ証券、2010 05 24）

（２）

「当社グループにおける不適切行為に関する報告書」（神戸製鋼所、2018 03 06）
「調査報告書」（東レ株式会社　有識者委員会、2017 12 25）
「調査報告書」（株式会社東芝　第三者委員会、2015 07 20）
「２０１６年度決算短信開示の遅延理由及び今後の決算短信開示に関するお知らせ」（株式会社東芝、2017 08 10）
「問題続きのメード・イン・ジャパン」（人民網、2018 03 16）

（３）

「21世紀を支える金融の新しい枠組みについて」（金融審議会答申、2000 06 27）
「金融サービス法の制定を求める意見書」（日本弁護士連合会、2004 05 08）

「投資サービス法（仮称）に向けて」（金融審議会金融分科会第一部報告、2005 12 22）
「Effective Approaches to Support the Implementation of the Remaining G20/OECD High-level Principles on Financial Consumer Protection」（G20/OECD Task Force on Financial Consumer Protection, 2014 09 09）
「Semi-annual report of the Bureau of Consumer Financial Protection」（2018 04）
「Annual Report and Accounts 2016/17」（Financial Conduct Authority）

【V　失政】

（1）
「ビッグバンと経済改革の行方」（蝋山昌一『日本経済新聞』朝刊31ページ、1997 06 24）
「資産担保証券市場を通じる企業金融活性化のための新たなスキームの提案」（日銀、2003 04 08）
「資産担保証券の買入れとその考え方について」（日本銀行、2003 06 11）

（2）
「当面の金融調節方針について」（日本銀行、1995 03 31）
「公定歩合の引き下げについて」（日本銀行、1995 04 14）

（3）
「早期是正措置、金融再生法、金融早期健全化法の適切な運営を求める」（金融監督政策研究会、1998 12 08）
「経営の健全化のための計画」（住友銀行、1999 03）
「金融システムと行政の将来ビジョン」（日本型金融システムと行政の将来ビジョン懇話会、2002 07 12）
「金融再生トータルプラン（第2次とりまとめ）」（政府・与党金融再生トータルプラン推進協議会、1998 07 02）

「金融検査マニュアル検討会（最終とりまとめ）」（1999 04 08）
「預金等受入金融機関に係る検査マニュアルについて」（金融監督庁検査部長 五味廣文、1999 07 01）

【Ⅵ　反省】

（1）
「亀井内閣府特命担当大臣閣議後記者会見の概要」（金融庁、2009 09 18）
「永易会長記者会見」（全国銀行協会、2009 09 24）
「第173回国会における金融庁関連法律案（中小企業者等に対する金融の円滑化を図るための臨時措置に関する法律）」（金融庁、2009 10 30）

（2）
「包括的な金融緩和政策の実施について」（日本銀行、2010 10 05）
「「資産買入等の基金運営基本要領」の制定等について」（日本銀行、2010 10 28）
「金融緩和の強化について」（日本銀行、2011 03 14）
「金融緩和の強化について」（日本銀行、2012 12 20）
「デフレ脱却と持続的な経済成長の実現のための 政府・日本銀行の政策連携について（共同声明）」（内閣府、財務省、日本銀行、2013 01 22）
「「物価安定の目標」と「期限を定めない資産買入れ方式」の導入について」（日本銀行、2013 01 22）
「「量的・質的金融緩和」の拡大」（日本銀行、2014 10 31）

（3）
「麻生金融担当大臣挨拶　第90回信託大会」（麻生太郎、2015 04 15）

「国民のＮＩＳＡの利用状況等に関するアンケート調査（２０１６年2月）」（インテージ＝金融庁委託調査＝、2016 03 31）
「平成27事務年度　金融レポート」（金融庁、2016 09）

【Ⅶ　混迷】

（1）
「より良い資金の流れの実現に向けて」（森金融庁長官基調講演、2016 10 05）
「顧客本位の業務運営に関する原則」（金融庁、2017 03 30）
「日本の資産運用業界への期待」（森金融庁長官基調講演、2017 04 07）

（2）
「平成28事務年度金融行政方針」（金融庁、2016 10）
「検査・監督改革の方向と課題」（金融モニタリング有識者会議、2017 03 17）
「平成30年度機構・定員、予算要求について」（金融庁、2017 08）

（3）
「地域金融機関による事業性評価について」（金融庁、2014 10 24）
「広島銀行の事業性評価への取り組み」（広島銀行 融資企画室長 廣江裕治、2015 11 06）
「金融仲介機能のベンチマーク」（金融庁、2016 09）
「危機管理委員会による調査結果の要旨」（スルガ銀行危機管理委員会、2018 05 15）
「シェアハウス関連融資問題に関する経過のご報告と今後の対応について」（スルガ銀行、2018 05 15）

（4）

「経営統合に関する基本合意について」（ふくおかフィナンシャルグループ・十八銀行、2016 02 26）
「長崎県における地域銀行の経営統合効果について」（大庫直樹・中村陽二・吉野直行、2017 01）
「地域金融市場では、寡占度が高まると貸出金利は上がるのか」（平賀一希・真鍋雅史・吉野直行、2017 01）
「地域金融の課題と競争のあり方」（金融仲介の改善に向けた検討会議、2018 04 11）
「長崎県経済の活性化に貢献する経営統合の実現に向けて」（ふくおかフィナンシャルグループ・十八銀行、2018 05 07）
「企業結合審査の考え方について」（公正取引委員会、2017 12 06）
（5）
「FinTech ビジョン」（経済産業省、2017 05 08）
「フィンテックは共通価値を創造できるか」（金融庁長官　森信親、2017 05 25）
「Sound Practices: Implications of fintech developments for banks and bank supervisors」（Basel Committee on Banking Supervision, 2017 08）
「コインチェック株式会社に対する行政処分について」（関東財務局、2018 01 29、2018 03 08）
「株式取得によるコインチェック株式会社の完全子会社化に関するお知らせ」（マネックスグループ、2018 04 06）
（6）
「国民経済計算（ＧＤＰ統計）」（内閣府）
「家計の金融行動に関する世論調査」（金融広報中央委員会）
「The Global Innovation Index 2018」（WIPO、INSEAD、Cornell・SC Johnson College of Business ）

【終章　出口はあるのか】

「Performance Fees: An Idea Whose Time Has Come」（Morningstar, 2017 08 17）
「Fee Structure in agreements with external managers」（Norges Bank Investment Management, 2011 05 13）
「抜本的構造改革への取り組み」（みずほフィナンシャルグループ、2017 11 13）
「中期経営計画について」（三菱ＵＦＪフィナンシャル・グループ、2018 05 15）
「JP Morgan Chase Makes Long-Term U.S. Investment in Employees, Branch Expansion and Local Economic Growth」（JP Morgan Chase, 2018 01 23）

【著者略歴】
太田康夫（おおた・やすお）
日本経済新聞社編集局編集委員。1959年京都生まれ。82年東京大学卒業、同年日本経済新聞社入社。金融部、チューリヒ（スイス）支局、経済部などを経て現職。主な著書に『金融大国日本の凋落』『地価融解』『金融消滅』『グローバル金融攻防三十年』（中国語版『全球金融攻防30年』経済科学出版社）『バーゼル敗戦』『ギガマネー 巨大資金の闇』『没落の東京マーケット』『中国の金融システム（監修）』『戦後復興秘録（共著）』（いずれも日本経済新聞出版社）がある。

金融失策 20年の真実

2018年9月19日　1版1刷

著　者　太田康夫

発行者　金子　豊

発行所　日本経済新聞出版社
https://www.nikkeibook.com/
〒100-8066　東京都千代田区大手町1-3-7
電話　(03) 3270-0251（代）

印刷・製本　中央精版印刷
本文DTP　CAPS
ISBN978-4-532-35791-7